JN438405

줄넘기와 비행접시

새로운 감성과 지성 • 6

줄넘기와 비행접시

정진명 시집

고두미

| 자서 |

11번째 시집을 내며

예술은 무언가를 베끼는 운명을 타고 났다. 생생하게 살아 움직이는 어떤 것을, 사람들끼리 약속한 어떤 꼴에 담아야 하기 때문이다. 적지 않은 시집을 내면서 이런 압박을 점점 크게 느낀다. 어느 꼴에 담든 상관없다는 생각 때문에 연작에 매달리는 것 같다. 연작은 상상의 집중과 확산을 동시에 일으킨다는 점에서 큰 매력이 있다. 물꼬 터지듯 쏟아져 나오다가 갑자기 끊기는 것이 상상력이다. 그 거센 물살이 잠시 나를 흔들고 가버렸다. 그 일렁임이 말에 되비쳐 사금파리처럼 잠시 빛난 비늘들이다.

원래 내 목표는 시 3,000편을 쓰는 것이었다. 당나라 왕유가 그렇게 썼기 때문이다. 그렇지만 1,000편을 넘어가니 이런 결심도 부질없다. 무슨 의무감으로 시를 쓰는 것은, 시와는 거리가 먼 짓이기 때문이다. 그래서 요즘은 시를 안 써도 된다는 생각을 한다. 그리고 안 쓴다. 가끔 먼 바다에서 파도가 인다. 그 거품 위에서 파도타기 하다가 곤두박질치는 시가 아름답다.

2014년 여름 청주 용박골에서

정진명 삼가 씀

줄넘기와
비행접시 차례

제1부
줄넘기

제2부

비행접시

제1부

줄넘기

줄넘기 1

빨리 도는 줄은
비닐 막을 만든다.

내가 돌리는 건 아니지만
내가 돌리지 않는 것도 아닌,
누구나 그 막을 쓰고 돌아다닌다.

줄의 빠르기에 따라 빛깔이 달라진다.
몸의 움직임에 따라 모양이 달라진다.

눕고, 앉고, 서고, 걷고, 뛰면
커졌다, 작아졌다, 찌그러졌다, 펴졌다
한 순간도 머물지 않는 모양이 된다.

어쩌다 남의 비닐과 맞닥뜨리면
파르르 쇳소리를 낸다.
부딪친 줄의 진동이 짧아지면서 내는 파열음!
줄이 멎으면

주검이 남는
투명한 막 속에 사람이 있다.

막을 만든 끈의 양쪽은
남과 죽음에 매여 있다.

4339. 6. 19.

줄넘기 2

비눗물에 특수한 액체를 섞으면
거품 방울은 한없이 커진다.
수명은 한정되었지만
크기는 한량없어
뱃속의 태반을 거품방울처럼 부풀리고
그 안으로 숨는다.
어떤 상황에서는 쉽게 터져버리기도 하지만
또 모질기도 한 그것,
줄의 진동수에 따라
영롱한 빛을 띠며 거품방울은 부푼다.
독특한 빛의 운무에 누구나 감탄한다.
이 방과 저 방은 차원이 달라
서로 겹칠 수 없지만
때로 두 방울이 합쳐져 몇 곱절로 커지기도 한다. 단,
진동수가 같을 경우 그렇다.
안 그러면 터진다.
그와 동시에 한 세계도 사라진다.
그러기에 한 곳에서 숨 쉬면서도

서로 겹치지 않는 비닐을 만드는
신기한 줄넘기.
그 많고 다양한 것들이 오직
한 가닥 줄로 돼있음을 아는 이는 거의 없다.
사람이 간다.
비닐이 따라간다.

4339. 6. 19.

줄넘기 3

줄 없는 줄넘기를 하는 이가 있다.
양쪽 끝을 한 몫에 쥘 때
비로소 줄 밖에서 줄넘기 한다.

줄 없는 줄넘기라 해도
무엇이 달라지는 것은 아니어서
여전히 줄은 돌며 소리를 낸다.
다만 줄이 만드는 비닐은 극도로 고요해지며
평평한 거울이 되어
거기 이르는 모든 것을 말없이 되비친다.
빨라지면서 회전방향이 몇 차례 바뀌는 프로펠러처럼
속은 비었지만
어떤 것도 뚫지 못하는 금강의 세기를 갖는다.

이런 줄넘기를 하여
생의 딱딱한 등껍질을 벗어버린 자라도 있다.
아가미를 벗어버린 이스라엘 잉어도 있다.
비늘을 벗고 천 길 폭포를 솟아오른 용도 있다.

온 세상이 이런 이를 경배한다.
그의 혀는 한없이 길어져 지구를 붕대처럼 칭칭 감고도 남는다.
이빨 틈에서는 눈부신 빛이 나와 온 세상을 환하게 한다.

자신의 줄을 벗음으로 하여
온 세상이 저와 함께 줄넘기 한다.
줄 밖에서 온 우주와 함께
신나는 줄넘기를 하는 이가 있다.

4339. 6. 19.

줄넘기 4

줄넘기의 줄을 한없이 줄이면
미립자가 된다.
인공위성에서 지표면의 개미를 쫓듯
몸속 깊이 자꾸 파고들면
마지막에서 만나는 단단한 꿈의 원소.
그 파동이 원자를 만들고,
흙을 만들고
공기를 만들고
진공을 만들어
거기에 훅!
하고 꿈을 불어넣는다.
거품의 거품을 향해 스러지고 피는 거품방울 표면에
오색 무지갯빛 꿈이 서린다.
그 꿈의 집합이 공기이고, 산이고, 들이고, 하늘이고, 구름이고, 바람이고,
사랑과 사람과 삶이다.
그 꿈의 임자는 사람이 아니다.
사람은 아니지만 사람 속에 있어

머나먼 은하계 밖에서도 반응하는
또 다른 영혼의 짝별이다.
고요한 밤이면 첨성대의 물거울에
그 별이 나타난다.
어둠의 장막을 거느리고.

4339. 6. 19.

줄넘기 5

벼룩부터
우주까지
줄넘기한다.

간을 내준 벼룩들이 줄넘기하고
고개 숙인 벼이삭 끝의 메뚜기가 줄넘기하고
닦아 논 길을 가는 삽살개도 줄넘기하고
쇠방울 딸랑이는 코뚜레 끝의 황소도 줄넘기하고
들판 끝에 누운 산도 줄넘기하고
지구도 저의 자석으로 줄넘기하고
은하수도 별들의 인력으로 줄넘기한다.
온 우주가 줄넘기한다.

제각기 줄넘기하는 우주,
가느다란 줄의 장력에 존재를 띄우고
막막한 공간을 헤엄쳐 간다.

4339. 6. 19.

줄넘기 6

소금쟁이가 물 위에서 줄넘기한다.
중력이 일으켜놓은 종단면의 세상에
자신을 빠뜨리지 않기 위해
횡단면으로 줄넘기를 한다.

줄넘기를 멈추는 순간
종단면의 검은 구멍 속으로 빠진다.

호수 위에 줄넘기의 흔적을 남기며 사라진 사람은
아차! 싶은 순간에 줄이 꼬인 것이다.
이들이 놓친 줄이 지푸라기가 되어
애달픈 사람들의 목숨을 떠받친다.

가로로 세로에 대응하기 위하여
발끝마다 설피 같은 줄넘기를 만들며
소금쟁이가 중력의 바다를 건넌다.

그 바다 너머에 더는 줄넘기를 낳지 않는

고요한 세계가 있다.
거기에 닿기 위해
소금쟁이는 그 입구까지 줄넘기한다.
오색 빛깔 서리는 아름다운
줄넘기를 한다.

4339. 6. 19.

줄넘기 7

혼자가 아니라 여럿이 해야 하는 줄넘기도 있다.
그럴 때는 줄의 양쪽을 누군가에게 맡겨야 한다.
언제든지 줄을 놓을 수 있는 이에게 그 줄의 끝을 맡기고도
여럿이 함께 하는 즐거운 줄넘기.

딸아이가 줄이 만드는 돔 속으로 들어온다.
아들과 아내가 뒤이어 들어오고
앞집의 귀여운 민화도 들어온다.
옆집 아저씨가 들어오고
무뚝뚝한 뒷집 아저씨도 들어온다.

바큇살이 지워진 자전거 위에서 신기한 듯 바라보는 머리 허연 할아버지도 들어오고
인사를 잘 안 받는 건넛집 할머니도 힐끔힐끔 들어온다.
짝짝 씹히는 껌 사이로 침을 찍 뱉는 불량 교복도 들어오고
미끈한 아가씨 따라 살랑이는 봄바람도 들어오고
봄바람에게 속치마를 슬쩍 들킨 윤나는 감잎도 들어오고
목이 놋쟁반처럼 무거워진 해바라기도 들어온다.

내가 잠 속으로 돌아갈 때까지
신나게 돌아가는 여럿 줄넘기.
내가 돌아간 뒤에도 여전히 돌며
꿈속까지 따라와 돔을 만드는
신나는 줄넘기.
여럿 줄넘기.

4339. 6. 19.

줄넘기 8

아내가 줄넘기를 한다.
스치는 발바닥으로 줄을 넘기며
사라진 줄이 만드는 둥근 공간 속에서 활짝 웃는다.

하나, 두울, 세엣, 네엣 박자를 겨누다가
잠시 열린 줄의 틈으로
딸아이가 뛰어든다.
엄마의 방 속에서 엄마와 함께 뛰는
딸아이의 머리채가 구름 높이 출렁인다.
환한 하늘이 이마로 내려온다.
엄마와 마주했다, 뒤로 돌아섰다,
방향을 바꾸며 솟을 때마다
줄 안의 공간도 덩달아 환해진다.
아내와 딸이 하는 한 박자 줄넘기.

박자가 드러낸 줄 틈으로
아이가 재빨리 뛰쳐나오고
통통 튀는 방 속에 아내 혼자 남아있다.

아들아이도 박자로 줄의 틈을 열고 들어간다.
등이 굽은 할머니도 들어갔다 나온다.
줄과 줄 사이의 엇박자가
온 가족을 토하고 뱉는 줄넘기.

나도 그 줄 속으로 들어가 본다.
아내의 숨결이 얼굴에 닿는다.
오랜만에 맞춰보는 경쾌한 박자에
몸속 깊이 잠든 율동이 파도처럼 인다.
아내의 줄이 만든 작은 방 속에서
온 세상이 함께 뛴다.

아내의 방에서 빠져나간 아이들이
아내한테 배운 박자로 저만의 줄넘기를 한다.
하하호호 웃으며 작은 방의 빛 송이를 끌고
제 갈 길로 멀어져간다.

4339. 6. 20.

줄넘기 9

줄이 돈다. 타다닥
바닥을 튀기며
일력이 넘어가듯
줄이 돌아간다.

한 바퀴 돌 때마다
줄은 한 번씩 방을 만들지만,
뜯겨난 일력처럼
방이란 방은 각각의 방.
그 안에서 뛰는 사람도
방마다 다른 사람이다.
방과 방을 잇는 것은 방주인의 욕심.
타다닥 튀는 방을 이어도
방도 다르고 주인도 달라
그곳이 스스로 완벽한 세상이다.
오직 그곳에서만 세상은 거울처럼 빛나고
오직 그럴 때에만
날마다 좋은 날.

그러거나 말거나
날마다 좋은 날.
달이 차기 전에도
날마다 좋은 날.
보름달이 기울어도
날마다 좋은 날.

줄이 돈다.
함부로 건드릴 수 없고
건드려서도 안 되는 저 방 속에
한 세상이 깃들어 있다.
투명한 그 세상을 끌고
세상 밖으로 걸어간다.

삶과 죽음이 손을 놓을 때까지
끝나지 않는
줄넘기.

4339. 6. 20.

줄넘기 10

팽팽해진 줄의 방 안에는
소리가 산다.
방의 길이와 높이에 따라
각양각색의 소리들이 모여 산다.

활에게 등을 굵히는 줄들이 일제히 줄넘기하며
제 방 속의 게으른 소리들을 내다쫓는다.
도 레 미 파 솔 라 시 도
궁 상 각 치 우

허공으로 쫓겨난 소리들이
곳곳에 뚫려있는 구멍으로 들어간다.
그 구멍 속에는 과녁이 있고
그곳 한복판에 문신을 넣는다.

손끝이 점지하는 대로 방의 길이를 바꾸며
소리들을 끊임없이 쫓아낸다.
안착할 곳을 찾아서 꼬리를 물고 달아나는 소리들이

구멍 속의 과녁에다 음악을 짠다.

론도, 바레이션, 캐논, 소나타,
잊히지 않는 문양이 영혼의 창에 걸려있어
그 소리를 들으면 가슴 속 문종이가
풍지를 울리며 은은한 빛을 낸다.

4339. 6. 20.

줄넘기 11

소리의 방이 가오리처럼 납작해지면
섬뜩한 흉기가 된다.

한껏 구부려진 활 안의 납작 방에서는
소리를 속으로 삼킨
화살이 튀어나간다.

쇠뇌 위에 놓인 마름모꼴 방을
화살로 옮겨 회전시킴으로써
죽음의 거리는 훨씬 가까워진다.

허공을 찢는 날선 소리 끝에서
밥이 나오고
나라가 나오고
신화가 나오고
세상이 나온다. 단,

시위 퉁김만으로도

10보 밖의 촛불을 끌 만한 실력이 되어야 할 것!

이 시위를 총구 속으로 옮겨갈 때
줄넘기는 새 차원을 연다.
그 차원의 끝 방에서 아름다운 버섯구름을 피우기까지
줄의 속도는 점점 빨라진다.
윙윙윙

줄넘기의 진화는 끝이 없다.

4339. 6. 20.

줄넘기 12

빛이 허공에서 줄넘기하면
무지개가 된다.
우중충한 세상에 희망을 전하기 위해
빛이 입자를 버리고 파동으로 나타난 것.
그럴 땐 신의 손길을 부인할 수 없다.

통통 볼처럼 뛰기 좋아하는 아이들을 위해
무지개는 유치원 벽화로 들어가 영원을 향해 빛나고,
자신의 줄을 늘여서 아이들을 태우면
추억의 뒷방으로 빨려드는 미끄럼틀이 된다.

땅속으로 들어간 절반의 무지개는
알뿌리가 되어 겨울로 돌아온다.
도막난 무지개로 몸매를 꾸민
총각무, 알밤, 고구마, 감자, 옥수수, 토란……
희망이 영혼의 양식이듯,
줄넘기는 삶의 방식이다.

무지개가 맑은 날로 가는 지게문이듯이
줄이 만드는 거품방울 안쪽 궁륭에는
언제나 일곱 빛깔 무지개가 서린다.

무지개를 보기 위해
줄넘기한다.

4339. 6. 20.

줄넘기 13

빗살무늬 토기에는
신석기 시대의 줄넘기 방식이 들어있다.

민무늬 토기로 넘어가기 전,
무엇이든 다 나올 구멍을 만들기 위해
가장 빠른 영혼의 주파수를 돌린 흔적이
약한 불 속에서 화석처럼 굳은 것.

잠시 후
물레 도는 방향으로 줄을 바꿔
접시를 만들고
바퀴를 만들고
헬리콥터를 만들어

빗살무늬 토기의 안쪽을 닮은
파멸의 또 다른 구멍을 낳는다.

핵탄두를 싣고 날아가는 미사일이

시시각각 허공에 만드는 모양은
빗살무늬 토기의 그것!

넘치는 정보 속에서
아직도 석기시대의 줄넘기를 한다.

또 다른 세상으로 가는
비행접시를 빚을 때까지는.

4339. 6. 20.

줄넘기 14

옛 제사장 포희는
두 줄짜리 줄넘기로 온 세상을 다스렸다.
하늘에서 내려온 한 가닥과
땅에서 솟아오른 또 다른 가닥.

도는 줄의 세기와 길이를 조절하여
모두 예순네 개의 방을 만들고
그 안에 천지간의 모든 것을 쓸어 담았다.

산이 높으면 강도 깊고
나무가 크면 그늘도 짙은 법.
배꼽은 등으로부터 가장 멀어진 순간이
등을 향해 돌아가는 시작점이고,
가장 깊은 겨울의 냉골 속에
여름의 불씨가 들어있다.

지금도 그 두 줄이 여전히 돈다.
안과 밖의 짝을 만들고

위도와 경도를 만들어
그 틈서리로 세상을 담는다.

빛이 궁금한가? 어둠을 보라.
삶이 궁금한가? 죽음을 보라.
하늘이 궁금한가? 땅을 보라.
천사가 궁금한가? 악마를 보라.
사랑이 궁금한가? 미움을 보라.
전생이 궁금한가? 오늘을 보라.
북쪽이 궁금한가? 남쪽을 보라.
성공하고 싶은가? 실패를 보라.

4339. 6. 20.

줄넘기 15

별은 언제나
뿔이 다섯이다.

한 꼭짓점에서 건너편 꼭지로 가는 줄이
다른 줄을 질러가며 별을 그린다.
별은,
다섯줄이 벌이는 아름다운 줄넘기.

평면에 놓인 별을 공중으로 들어 올리면
비로소 환한 빛이 뿜어져 나온다.
천지 사방으로 뻗어가며 온 누리를 구석구석 밝히는,
세상은 그런 별로 가득 차있다.

중심은 전후좌우.
가락은 고저장단.
계절은 춘하추동.
1은 2,
2는 3,

3은 4 5 6 7 8

밀고 당기던 다섯줄이
하나로 이어지는 순간이 있다.
세상이 갑자기 고요해지고, 오직 그 하나만이 환히 빛난다.
둥근 해가 하늘을 밝히고, 보름달이 세상을 환히 비춘다.

해와 달은
가장 가까운 별,
다섯 줄이 일제히 하나로 정렬한 별이어서
만물을 낳고 기른다.

겹치고 어긋나는 줄 놀림으로
건곤을 조율하는
다섯 줄넘기.

하늘과 땅에서
헬 수 없이 많은 별이

반짝반짝 빛난다.

4339. 6. 20.

줄넘기 16

아침에 눈뜨면
줄넘기를 시작한다.
밤새 머리맡에 늘어져있던 줄을
하품과 함께 돌리면서
신비한 색 비닐 속으로 들어간다.

줄에 따라 색깔이 달라진다.
고요할 때는 은은한 우윳빛을 낸다.
즐거울 때는 연노랑 빛을 내고
슬플 때는 파란 빛을,
울컥 치밀어오를 때는 붉은 빛을 낸다.

그 빛깔 속에 한 세상이 숨 쉬어
늦은 밤 머리맡에 내려놓이면
온종일 색을 바꾸던 비닐을 끄고
한 가닥 단순한 줄로 돌아온다.
이튿날의 활기찬 줄넘기를 위하여.

4339. 6. 22.

줄넘기 17

길이나 굵기가 각기 다른 줄을
여럿 갖고 있다. 누구나
자신이 놓인 자리에 따라
가장 알맞은 것을 꺼내어 줄넘기한다.

집에서는 어버이의 줄넘기를 하고
학생 앞에서는 선생의 줄넘기를 하고
거리에서는 중년의 줄넘기를 하다가
술집에서는 개의 줄넘기를 한다.
늑대와 여우, 토끼의 줄넘기를 하다가
여건이 바뀌면 재빨리
품속에 숨겨놓은 줄을 꺼내어
거기에 알맞은 줄넘기를 한다.

어쩌다 율동이 같은 줄넘기를 만나면
반가워서 서로의 줄 속을 들어가
콩닥콩닥 함께 뛴다.
합성된 줄은 때로 한없이 부풀어

거대한 돔을 일으키기도 한다.

기적이란,

같은 파동이 겹쳐놓는 거대한 줄넘기이다.

4339. 6. 22.

줄넘기 18

너무 닳아서 끊어지는 수도 있다.
땅을 튀기며 얇아지다가
마지막 줄의 장력을 잃는 순간
툭! 하고 끊어지며 쓰임새를 잃는다.
잠시 허공에 일으켰던 비닐도
그와 함께 푸시시 꺼지고 만다.
한때 청운을 하늘 높이 일으키던 줄은
끊어진 순간을 영원히 되찾을 수 없어
서늘한 뒷방에 장식으로 걸려있다.
그때의 화려한 광채와 장력을 잊지 못해
줄 끝을 단단히 거머쥐고 윙윙 돌려보지만
허공을 울리는 소리만 요란할 뿐
그것이 되는 때는 따로 있는 법이다.
이제는 화려한 줄을 하나씩 버리며
가장 단순한 곳을 향해 나아갈 때,
끊어진 줄보다는 끊어질 줄이 적지만
오지 않는 미래란 황홀한 법이어서
오늘도 오늘에 맞는 줄넘기를 한다.

4339. 6. 22.

줄넘기 19

선은
움직이면 평면이 되지만,
회전하면 공간이 된다.

물을 거치지 않는 드라이아이스처럼
전혀 다른 차원으로 가는 한 가닥 줄에
삶이 걸려있다.

해와 달이 돌고
지구가 돌고
은하계가 도는 건
전혀 다른 차원으로 가는 그 길의 존재를 알리려는
하늘의 뜻.

누구나 시작과 끝의 사이 어딘가에 놓여있지만
전혀 다른 차원이 곳곳에 숨어 있어
줄 놀림 한 번에
하늘의 끝을 보고

영원의 뜻을 안다.

저의 중심을 바닥에 내려놓지 않고
별빛처럼 날아드는 줄의 방향에
발의 끝을 맞출 때
팽이가 점 하나로 온몸을 일으키듯
삶은 그대로 우주의 중심이 된다.

줄 하나에 천지가 개벽하여
한 자리에서
억만 겁을 산다.

4339. 6. 22.

줄넘기 20

두 겹 세 겹으로 마구 돌아가도
좀처럼 헝클어지지 않는,
서커스의 줄넘기를 보면
혼자로는 이룰 수 없는 경계가 있다.

태어나면서부터 배우지 않으면 안 되는
절정의 그것.
혼자로는 닿을 수 없는 곳까지
아슬아슬하고 시원스럽게
줄을 뻗는다.

영원한 허공에 떠있기에
나라가 망하고 땅이 무너져도
그 줄넘기는 사라지지 않는다.

가르친다고 다 배울 수는 없어,
극소수만이 이어받는 그 줄 안에서
건물이 쑥쑥 자라고

이념이 나오고
빛이 흘러나와
자신이 선택한 다음 세대로 건너간다.

대부분 모르지만,
모르는 대부분을 아우르는 줄넘기,
보기엔 즐거워도
이룰 수는 없어
세대를 건너는 줄넘기가 있다.

4339. 6. 22.

줄넘기 21

멀리 솟은 산이
줄넘기한다.

능선을 따라간 기나긴 줄로
아침부터 저녁까지
시시각각 달라지는
빛의 줄넘기.

너무 가깝거나
너무 바빠서 보지 못하지만,
윙윙윙 바람소리를 내며 돌아가는 줄로
철마다 빛깔을 바꾸는 산의 모습을
돌아보는 어느 날 문득 마주한다.

늘 그 모습인 듯하면서도
같은 적이 한 번도 없는
산의 줄넘기.

높이 솟을수록 줄도 힘차
사람들은 그 안으로 들어가 함께 뛴다.
산을 오르며 숨이 가쁜 건
산과 함께 뛰고 있다는 증거.

멀리 솟은 산과 줄넘기하러
사람들은 산을 오르고,
제게 안기는 사람을 안고
산은 줄넘기한다.

아침부터 저녁까지 시시각각
봄부터 겨울까지 사시사철
한 가닥 시간으로 빛을 바꾸는
산의 줄넘기.

4339. 6. 23.

줄넘기 22

정말 곧은 것은 둥글다.

곧고 둥근 줄의 양끝에서 곧게 내뻗는 힘이
하늘과 땅에서 만나
둥글게 다물리는 그 안에서
지구는 날마다 줄넘기한다.

칼로 그은 수평선과
굳게 다문 지평선은
자신의 끝을 향해 가장 곧게 달리고,
곧아서 제게 돌아오는 줄을 돌리며
일 년 뒤 되돌아올 먼 길을 간다.

그 줄넘기에 힘입어 사계절이 오가고
달이 함께 돌고
해가 따라 도는
별들의 줄넘기.

곧은 것은 둥근 것이어서
수평선과 지평선의 양끝을 잡고
지구가 줄넘기한다.

4339. 6. 27.

줄넘기 23

얼룩말의 생존 비법은
달리기가 아니라 줄넘기이다.
초원에서 한가로이 풀을 뜯는 동안
줄은 얼룩말의 털가죽에 납작 붙어있지만
한 번 달리기 시작하면 털끝에서 우우 일어나
폭풍처럼 몰아친다. 줄과 줄이 이어져
대지에 뽀얀 먼지구름을 일으키는 회오리는
드릴처럼 벌판의 이쪽부터 저쪽까지 뀐다.
태곳적부터 말떼를 몰고 달려온 저 힘을
어떤 맹수도 막을 수 없다.
드릴 끝에는 작은 방이 있어
때가 되면 비닐에 포장된 작은 줄 뭉치가 나온다.
열세 달 동안 착착 접혀있던 다리를 풀고
기우뚱거리는 벌판을 몇 번 가누다가
가죽에 눌러 붙은 제 생명의 줄을 잡아당겨
몰아치는 드릴 속으로 달려 나간다.
풀 뜯는 몸 구석구석까지 감겨있는 줄이
지평선처럼 팽팽히 펴질 때까지

초원을 달음박질하는 얼룩말의 줄넘기.
무늬가 자신의 생존 비법이다.

4339. 6. 28.

줄넘기 24

줄넘기의 규칙은,
줄에 걸리지 않는 것.

집과 일터 사이에는
세상에서 가장 큰 줄넘기 줄이 있어
하루에 한 번씩 줄넘기한다.
차 옆구리를 아슬아슬 스치는 노란 줄에 걸리지 않게
아침저녁으로 줄넘기한다.

주5일제 이후에는
일주일에 다섯 번으로 줄었지만,
여전히 숨이 가쁜 줄넘기.

얼마나 가쁜지,
너무 빨리 날아드는 줄에 걸려서
세상 밖으로 튕겨나간 이들도 있다.

다소 위험하기는 하지만,

속도만 잘 헤아린다면
즐거운 줄넘기.

아침에서 저녁까지 한 바퀴 도는
가장 길어서 느린 줄넘기를 한다.

4339. 7. 1.

줄넘기 25

빗방울의 착지법은
줄넘기이다.

물에 닿는 순간,
방울의 표면장력을 낙하산처럼 펼쳐
몸무게의 충격을 수면으로 재빨리 흩어버리고
물의 품에 안긴다.

빗방울의 무게를 껴안은 줄이
물 위에 잠시 비행접시를 띄웠다가
납작 펴진 줄의 둥근 안쪽을 몇 차례 벌이며
물가로 천천히 사라진다.

땅이나 나뭇잎에서 산산조각 나는 빗방울을 보면
눈 깜짝할 새 세 차례나 바뀌는
줄넘기의 비밀을 알 수 있다.

잠시 나타났다 사라지는 비행접시는

존재의 변환이 잠시 거쳐 가는 방이다.

육신의 장력을 벗어버린 영혼이
처음의 자신에게 돌아가는
마지막 착지법의 한 순간.

4339. 7. 4.

줄넘기 26

시계는 세 겹 줄넘기,
누가 보지 않아도 잘 돌아간다.

줄이 길수록 빨라
하루란,
2바퀴 도는 줄과
24바퀴 도는 줄과
1440바퀴 도는 줄이
겹치고 어긋나며 풀어내는 입체 줄넘기.

가장 짧은 줄에는 하늘이 걸려있다.
중간치 줄에는 땅이 걸려있다.
가장 긴 줄에는 사람이 걸려있다.

하늘과 땅과 사람이 세 줄에 걸려
하루 두 번씩 정확히 겹친다.
그때는 태양계의 열두 별이 울린다.
두 번의 겹침 사이에

삶의 빛과 그림자가 있다.

그 빛과 그림자 배꼽 속으로 들어와
세 겹짜리 줄로 비단을 짠다.
그 힘으로 나고 드는 숨이
목에서 배꼽까지 드리운
줄을 돌린다.

4339. 7. 31.

줄넘기 27

돌던 줄이 엉켜
남은 힘이 제 몸뚱이를 칭칭 휘감기도 한다.

살아온 세월이 관성이 되어
자신을 꽁꽁 묶는다.

사람들마다 자신이 돌린 줄로
몸뚱이를 칭칭 동여 놓았다.

그 줄을 풀고 걸어간 자들의 자취가
다시 힘이 되어 사람들을 휘감는다.

거기에 휘감기지 않으려고
자신의 골방에 틀어박혀

만나는 족족 부처를 죽이고 조사를 죽이는
줄넘기 방법을 훈련 중이다.

사람들의 영혼 위에서
윙윙 쇳바람 소리를 내며 돌아간다.

안팎에도 날이 없는 마음 한 칼이면
투두둑 끊어질 줄넘기.

4339. 12. 4.

제2부

비행접시

비행접시 1

유에프오, 즉
미확인 비행체.

눈앞에서 뻔히 나타났다 사라지지만,
확인할 길은 없다.
너무 빨라서 찍어놓은 사진이나 동영상 같은 자료들이 있지만,
정확히 확인되지는 않는 것들…….

그대의 동굴 속에서
박쥐들이 쏟아져 나온다.
컴컴한 세상으로 날아다니며
자신만의 전파를 쏜다.
그 전파가 소문이 되어 영역을 확장한다.
권토중래,
말발굽으로 돌아와 짓밟는다.

왼 귀로 들어와 꽃밭을 펼쳐놓고
오른 귀로 빠져나가면서 버섯구름을 피운다.

모자 속의 돌개바람은
옥황상제의 상투를 말아 올린다.

찰나의 벽 너머로 사라져
증거조차 남기지 않는
미확인 비행체.

크기도 다양하여 성냥갑만 한 것부터
우주선만 한 것까지 있다.

하 수상한 세상을 확인이라도 하듯,
확인할 길 없는 비행체가
여기저기 떠돈다.

4339. 6. 19.

비행접시 2

중력의 지배를 받지 않는다는 건
방향을 잃는다는 것.
저쪽에 가기 위해서는
이쪽의 벽을 스스로 밀어야 한다.
엎질러진 잉크는 허공에 방울로 떠있고
달걀은 껍질이 깨어져도 제 모양을 유지한다.
냄비와 물, 라면의 위치가 일치하지 않으면
라면은 끓일 수 없다.
발바닥이 머리로 내려와 옆구리가 되고
왼쪽과 오른쪽이 한쪽으로 몰리며
사방팔방이 곤죽처럼 섞인다.

그곳을 빠져나오는 순간,
벽은 밀지 않아도 저쪽에 닿고
잉크는 비로소 바닥에 부딪혀 옷으로 튄다.
흰자위와 노른자위는 납작해지고
물과 라면이 냄비 속으로 들어가
불꽃을 방석 삼아 안절부절 끓는다.

발바닥은 발바닥으로 가고
머리는 머리로 가고
오른쪽과 왼쪽이 오른쪽과 왼쪽으로 돌아가며
언제 그랬냐는 듯
사방과 팔방이 균형을 잡는다.

중력의 지배를 받지 않는 구역이
세상 곳곳에 있다.
중력이 당기는 틈과 틈 사이
중력을 벗어난 곳들이 있다.
그곳에서 음모가 나오고 배신이 나온다.
깃발이 나오고 함성이 나온다.
그리로 납치당했던 사람이
어느 날 시체로 돌아온다.

4339. 6. 19.

비행접시 3

뻐꾹뻐꾹
뻐꾸기가 운다.

30년이 넘게 들어온
낯익은 저 소리의 임자를
네 살배기 아들의 그림책에서
처음으로 본다.

알 수 없는 슬픔을 쟁인 듯
허공의 가장 깊은 곳을 떠돌던 그 소리가
거뭇거뭇하고 희끗희끗한 저 깃털 속에서 나오는 줄 단박에 알아채지만
그림만으로는 저 몸에서 어떤 소리가 날지
아이는 알 수 없다.

다만 그 이름에서 뻐꾹뻐꾹
하고 울리라 짐작하지만,
그림 속의 그 새를 최대한 닮는 아이의 뻐꾸기는

내 머릿속의 그 소리처럼 울지 않는다.

물 없이는 건너지 않는 물결처럼
공기 없이는 일지 않는 바람처럼
매질 없이는 날지 않는 소리처럼

내 머릿속 어딘가에 깃들어 살다가
부산한 마음이 정처를 잃을 때
한껏 고요해진 풍경의 뒷면에서 나와
영혼 전체를 울리는
저 메아리.

머릿속의 뻐꾸기 소리를 따라
가르칠 수 없는 목소리로
아들에게 뻐꾹뻐꾹 울어준다.

4339. 6. 23.

비행접시 4

선거철에는
우주의 모든 비행접시들이 지구로 몰려든다.
어찌나 많은지 푸른 별이
때로 하얀 빛으로 뒤덮이기도 한다.
곳곳에서 사람들이 행방불명이 되고
밤과 낮이 뒤바뀐 가운데 아이들이 울다가 지쳐
궤짝 안에서 겨우 새우잠이 든다.
잠에서 깬 아이들은 비로소 어른들이
외계의 언어에 감염됐음을 알고 울음을 그친다.
외계인에게 납치당했다가 돌아온 이들은
한결같이 횡설수설 어법을 구사한다.
잘 알아들을 수 없는 말을 확성기에 지껄이며
거리로 골목으로 미친 듯이 쏘다닌다.
그러면 어릴 적에 잠시 붙잡혀가
외계의 빛을 쏘인 적이 있는 사람들도
이들의 반응에 열렬히 호응한다.
때로 잡혀간 뒤 영영 돌아오지 않는 이들도 있어
벌집을 쑤신 듯이 발칵 뒤집히기도 한다.

선거철이 끝나면 비행접시들은
편대를 이루어 자신의 별로 돌아간다.
거리엔 구겨진 종이와 찢어진 현수막 몇 장이 남아
길 잃은 바람을 끌어안고 노숙자처럼 떠돈다.
비행접시의 출입구는 우리들 옆구리 어딘가에 있다.
아니, 밥사발 뚜껑 밑인지도 모르겠다.
더 이상 변하지 않는 일상에 살맛을 잊을 때면
어디선가 비행접시 편대가 나타나
한바탕 소란을 피우다가 떠난다.
제 말을 잊은 아이들은 외계의 언어를 배우며
무기력한 유권자를 향해 무럭무럭 자란다.

4339. 6. 26.

비행접시 5

지구로부터 250억 광년 떨어진 곳에 마가주르라는 별이 있고,
그 별에 딸린 자미온이라는 별이 있다.
크기와 환경이 비슷하여 지구와 잘 구별이 안 되는 별.
거기에는 사람과 비슷한 사람들이 사는데
이들은 말 대신 비행접시를 띄운다.
오래 전에는 말과 문자를 썼지만,
그것이 장애물로만 남자 방법을 바꾼 것.
허공에 떠도는 비행접시의 움직임을 보고
한 치 오차 없이 상대의 뜻을 파악한다.
마치 여왕벌을 따라 움직이는 벌 떼처럼
사람 하나에 수많은 접시들이 구름처럼 따라다닌다.
아득히 먼 곳이지만, 잠깐이면 오갈 수 있다.
차원이 서로 다른 방이 우주 끝까지 이어져
시공의 결을 조금만 비키면 순식간에 옮겨가버린다.
돌아올 때도 마찬가지이어서
지구에서 문득 사라진 이들은 대개 그런 사람이다.
엘리베이터에도 7과1/2 층이 있고,
같은 375 건물에도 1/2번지가 숨어있어

그리로 가는 길이 있다.
예부터 거기에 다녀온 사람들이 많아
안쓰러움에 평생 떠든 자신의 말들을
죽는 순간에 모두 부인하곤 했다.
하여간에 생각의 갈피 한 장의 틈에
말이 전혀 필요 없는 세상이 끼여 있다.
풍수지리에서도 이상향으로 설정한 곳.
누구나 현자여서 말이 필요 없는,
멀고도 가까운 곳에 자미온이라는 별이 있다.

4339. 6. 26.

비행접시 6

성서에는
외계인들이 버리고 간 비행접시가 숨어있다.
글자 사이에 꽁꽁 숨어 있다가
누군가 파리한 책장을 열고 눈의 조리개를 맞추면
번개처럼 빠른 속도로 나타난다.

읽을 때마다 다르고
보는 이마다 다르다.
어떤 이에겐 눈부신 빛 모양으로 나타나고
어떤 이에겐 비둘기 모양으로 나타나고
또 어떤 이에겐 배 모양으로 나타난다.

하지만 한 가지 분명한 사실은
자신이 본 모양은 절대불변이라는 것이다.
자신이 본 그것을 진실로 여기며
험한 바다를 항해하는 나침반으로 삼기를 주저하지 않는다.

캄캄한 머릿속을 반딧불처럼 날아다니다가

어느 순간 대명천지처럼 환히 비춰주는 것.
마음의 조리개를 맞추는 대로 나타나
천국을 보여준다.

그 비행접시 안에 들어갔다 나온 사람들은
자신이 외계인이 되는 것을 두려워하지 않는다.
고난과 역경이 닥칠수록
비행접시 속으로 돌아가는 시간이 길어진다.
간절한 기도가 그들에게
지상에서는 사라진 길을 열어준다.

성서에는
읽는 이의 조리개에 따라 다르게 조립되는
비행접시들이 들어있어
사람들의 열린 입에서 벌떼처럼 쏟아져 나온다.

4339. 6. 26.

비행접시 7

성서에는
사람들이 바벨탑을 쌓는 것에 화가 나서
신이 일꾼들의 말을 모두 바꾸었다고 나오지만,
그건 중요한 것이 아니다.
말이 다르다고 해서
진리가 감춰지지는 않는다.

하지만, 말을 하는 순간
길을 잃는 세계가 있다.
말과 동시에 출입구가 봉쇄되는 것.
사방에 말뚝을 박아버린 말의 그물 속에 갇혀
신도 사람도 허우적거린다.

가끔은 그물을 뚫고 나간 자들이 있어
온 세상이 그들의 빛을 경배한다.
그들을 놓친 그물은 여전히 세상을 덮고
날마다 태어나는 아이들에게
그 안에서 사는 법을 가르친다.

불경에도
꾸르안에도
그물에 갇힌 외계인의 행적이 그득하다.

4339. 6. 26.

비행접시 8

비행접시 한 대
동네를 한 바퀴 맴돈다.

발이 사라진 비행접시의 안에서는
실험이 진행되는 중이다.
그 동안 모든 감각이 외부와 차단된다.
지정된 항로를 자동으로 따라가는 비행기처럼
비슷한 높이로 지표를 떠돈다.

긴 혓바닥을 뽑아서 뿌리를 보고
그 안쪽의 구멍 속으로 가물가물 사라지는 마음을 살펴본다.
발목을 작신 분질러 손목에 달고
위치가 바뀐 후에 꾸역꾸역 흘러가는 시간을 본다.
고통이 엿가락처럼 길게 늘인 시간이
짧은 신음소리를 비웃으며 손의 발목에서 맴돈다.
절단용 쇠톱과 망치가 두개골의 강도를 묻는다.
모든 수술은 토목공사이다.
혈도를 따라 박음질과 팔자뜨기로 온몸을 돈다.

동네 한 바퀴 도는 동안
진행되는 분노 실험.
불은 다시 불을 낳아
탱화의 지옥도는 외계인의 작품이다.
그 불 속에서 언제든지 외계인이 튀어나와
비행접시를 타고 돈다.
동네 한 바퀴.

4339. 6. 28.

비행접시 9

교문 옆 후미진 곳에 비행접시 두 대가 정박해있다.

지상에 말뚝을 하나씩 박고 초록 빛 둥근 동체를 허공에 띄운 채, 가방을 메고 재잘재잘 오가는 지구 생명체들의 일상을 수거하여 또스또또 어디론가 타전하고 있다.

6월이 되자, 벌집 같은 창마다 노란 꽃대를 하나씩 내밀어 우주의 어느 행성과 교신을 한다.

그 전파가 하늘로 오갈 때마다 벌처럼 향을 피운다.

모든 풀들이 잡초를 거쳐 제게 알맞은 행성의 이름을 얻듯

모든 풀들이 약효 확인을 거쳐 약상자에 담기듯

노란 파마머리가 제 이름을 자백한 비행접시에서 외계인들이 하선하여 지구 생명체들과 교신한다.

그 교신 부호가 발자국처럼 몇 문자로 남는다.

모감주나무.

단풍목 무환자과의 쌍떡잎식물. 낙엽 교목으로 잎은 어긋나며, 길이는 25~35㎝이다. 작은 잎은 7~15개이고 달걀꼴 또는 긴 타원형으로 길이는 3~10㎝, 나비는 3~5㎝이다. 꽃은 7월에 피며 지름이 1㎝로 황

색이지만, 중심부는 적색이고 꽃자루가 짧다. 꽃받침은 대개 5개로 갈라지며 뒤로 젖혀진다. 수술은 8개로, 수술대 하반부에 긴 털이 있다. 열매는 꽈리 같고 길이 4~5㎝로, 10월에 익으며 3개로 갈라지는데 3개의 씨가 들어 있다. 황해도 및 강원도 이남의 해안에 주로 자라고, 잎과 꽃은 약용하며 열매는 염주를 만든다. 한국·중국·일본 등지에 분포한다.

4339. 7. 10.

비행접시 10

구름이 빨리 움직이고,
하늘 전체가 땅을 옮겨간다.
동쪽에서 서쪽으로 곧장 넘어가지만
저것은 일본과 중국의 연안을 쑥대밭으로 만들고
오늘 아침 제주도를 막 지난 비행접시의 오른 날개 부분이다.

구름이 각종 동물 모양의 부호를 만들며
지상의 안전을 강하게 묻는다.
불곰이 사자를 향해 일어서서 포효하고
범이 용의 목덜미를 문 채 창틀 바깥으로 재빨리 사라진다.
짐승의 발톱에 채인 나무들이 갈비뼈를 드러내며 비명을 지른다.
그늘에 가려진 겨드랑이를 드러낸 나무들은
부끄러운지 온몸을 뒤챈다.
강렬한 거부의 몸부림으로 버티던 현수막이 쉽게 찢어진다.

해마다 적도 어름에 불시착한 비행접시들이
자신의 별로 돌아갈 동력을 얻기 위해
끓어 넘치는 바닷물을 뒤집으며 북상한다.

한반도 상공에는 하늘로 통하는 그들만의 통로가 있어,
지상의 수명을 다한 생명체들이 함께 사라진다.
떨어지는 빗방울 사이로 지상을 떠나는 것들의
발자국소리와 비명소리가 시끌벅적하다.

불시착한 비행접시가 바다를 활주로 삼아
제 별로 돌아가는 여름 한 나절.

4339. 7. 10.

비행접시 11

비행접시는,
접시를 닮아서 붙여진 이름이지만,
실제로 모양은 일정하지 않다.
접시 모양을 닮은 흔한 모습 외에도
뱀, 막대기는 물론 배나 솜사탕을 닮은 것도 있다.
메뚜기를 닮은 것도 있어 순식간에 나타났다 사라진다.
쓰임새나 상황에 따라 모양이 달라진다.

어제는 새끼줄 모양의 비행체가 내 귀로 들어왔다.
한 올이 꼬여들 때마다 딸랑딸랑 말방울 소리가 났다.
입천장을 한 바퀴 돌더니 혀를 뽑아들고 콧구멍으로 나와 다른 쪽 콧구멍으로 들어가더니 두개골 안쪽이었다.
내 영혼의 궁륭 안에는 박쥐도 산다.
갈라진 손가락 끝으로 불을 비추자 생전에 한 번도 빛을 쬔 적이 없는 것들이 푸드덕 날아올랐다.
왼쪽 눈알로 나와 스위치를 누른다. 오른쪽 엄지발가락에서 불이 켜진다.
무좀의 얼굴이 환하다.

이목구비는 물론 모공까지 점령당한 몸뚱이가 그대로 한 척의 비행접시가 되어 지상을 떠돈다.

밀짚모자를 쓰면 농사꾼이 된다.

언제든지 별로 날아갈 수 있는 비행접시가 갖은 모양으로 이곳을 떠돈다.

4339. 7. 10.

비행접시 12

밤이 되면
도심 곳곳에 정박한 비행접시가 모습을 드러낸다.
낮 동안 건물들 틈에 가재처럼 숨어 있다가
전파를 잘 받는 열십자 형 안테나를 세우고
어둠이 질척해진 거리로 슬금슬금 나온다.

먼 외계의 행성과 교신이 이루어지는 동안
안테나는 붉은 빛을 낸다.
깜빡이로 잘 알 수 없는 문자를 지피기도 한다.
그러면 지상으로 유배당한 죄인들이 몰려와
어둠에게 점령당한 영혼을 쪼인다.

빛으로 가득 찬 내부에서는
머리가 유난히 큰 동물이 돌아다니며
죄인들의 앞날을 인도한다. 그때마다
천사가 날아다니고 정령이 비둘기처럼 요란한 소리를 낸다.
꾀꼬리들이 날아와 합창하고 흰 비둘기 떼가 춤춘다.
바벨탑에서 갈라지기 이전의 언어가

그들의 영혼을 외계로 이끈다.

교신으로 꽉 조여진 그물 밖에서는
영혼을 잃은 자들이 들쥐처럼 쏘다닌다.
아침이면 낡은 벽돌 건물로 재빨리 변신하여
사람들의 눈을 피한다.
세상의 어둠이 짙어야만 나타나는 비행접시가
도시 곳곳에 정박해있다.

4339. 7. 10.

비행접시 13

외계인들이 가장 즐겨 숨은 곳은
책이다.
가장 얇은 부피로 이루어졌지만,
종이 안에는 가장 넓은 공간이 숨어있다.

글씨와 글씨 사이
줄과 줄 사이
문장과 문장 사이
단락과 단락 사이
쪽과 쪽 사이

다양한 틈이 있다.
그 틈으로 숨어들어
자신을 볼 줄 아는 자에게만
우주의 비밀을 조금씩 알려준다.

기실 그 비밀은 일부에 지나지 않지만,
그것이 전부라고 믿게 한다.

그렇지만 끝내 보여주지 않는 것도 있어
우주의 전모는 알 수 없다.
자신의 정체를 숨기기에는
이보다 더 좋은 장소도 없다.

오늘도 우주의, 혹은 생로병사의
비밀을 알기 위해 책을 펼친다.
그것이 외계인들의 비행접시임을 아는 이는 거의 없다.
펼쳐지는 그 틈바구니에서 쏟아지는 빛에
잠시 어두운 영혼을 쏘인 자들이
그들의 하수인이 되어 세상을 지배한다.

자신이 직접 나서는 대신
책 뒤에 숨어서
세상을 다스리는 외계의 족속들이 있다.
그들의 비행접시가
책갈피에 있다.

4339. 7. 10.

비행접시 14

한 시간을 대화해도
말귀를 못 알아듣는 사람이 있다.
그는 외계의 언어에 감염된 사람이다.
자신도 모르는 사이 비행접시에 끌려가
광센서 칼로 수술을 받은 사람이다.
같은 말을 쓰고 있지만, 형질이 변하여
그의 입에서 나오는 말은 전혀 다른 빛깔을 띤다.
그의 두개골 깊숙이 자리 잡은 비행접시를 깨지 않으면
말은 하루 종일 통하지 않는다.
올빼미가 대낮에 사물을 분간하지 못하듯
멀쩡한 이목구비와 손발을 지녔으면서도
말귀를 전혀 못 알아듣는 사람이 있다.
제 안의 빛에만 쪼여 멍해진 채,
언어 밖의 날벼락이 아니고는
좀처럼 깨어나지 못하는 사람이 있다.

4339. 7. 10.

비행접시 15

중력을 잃은 언어는 기형이지만,
때로 특이함으로 아름다운 경우가 있다.

머리통의 이목구비가 손가락 끝으로 일제히 몰려가 홍동지처럼 웃고 춤추고
꽃송이 속으로 들어간 거북은 휘휘 젓는 코끼리의 콧구멍에서 베트콩처럼 쏟아진다.
제자리에서 프로펠러처럼 맴도는 말발굽 아래, 초원은 구름 속의 지평선 너머로 밀려난다.
폭포는 산꼭대기를 향해 치솟거나 반 깁스의 골짜기를 벗어나 줄넘기 줄처럼 허공에서 휘청인다.

말이 초원을 달리고, 폭포가 자신의 골짜기로 돌아와 안길 때까지
언어는 간당거리던 줄을 끊고 허공으로 날아오른다.
손톱 달린 엄지발가락을 슬쩍 밀어 넣어본다.
빗물처럼 쏟아지는 중력의 틈 사이로 가볍게 날아오르는 것들이 있다.
두개골에 뚫린 구멍으로 가는 실을 내뿜어

거미줄 같은 한 세상을 끌고 다니는 이들이 있다.
그 거미줄에 걸린 코끼리 몇 마리가 신나게 그네를 탄다.

4339. 7. 11.

비행접시 16

물상추는 상추를 닮았고
부레옥잠에는 부레가 달려있다.
하지만 물상추는 상추가 아니고
부레옥잠은 옥비녀가 아니다.

천사의나팔은 오후 네 시가 되면 지상을 향해 불지만 그 향기를 맡으러 천사는 오지 않는다.

며느리밑씻개는 밑을 씻는 지저분한 사람들 때문에 이름까지 바뀔 처지에 놓였다.

세상과 아귀가 맞지 않는 말은
영혼의 불시착 증거.
해골을 부둥킨 아까시나무뿌리처럼
푸른 사과 알을 움키고 허공에 떠있는
저 편대들.

돌아가야 하나,
떠나온 기억이 너무 아득하여

돌아갈 별을 잃어버렸다.

쥐똥나무 밑으로 쥐가 사라진다.
허공에 쥐구멍이 하나 생긴다.
등 굵힌 몸통이 빠져나온 울타리 너머
수억 년 전의 쥐띠 생 별빛이 촉촉하게 반짝인다.

4339. 7. 12.

비행접시 17

비행접시는 흔적을 남기지 않는다.
한때 남미의 옥수수 밭에
거대한 새 모양의 자취가 생겼지만,
몇 십 년 뒤, 철없는 것들의 소행임이 드러났다.

당연한 일이다.

광속으로 오가는 비행접시는
아무도 모르는 사이에 별똥별처럼
영혼의 어딘가에 꼬리뼈를 남기고 사라진다.

댕기와 동개를 남긴 드라비다
태껸을 남긴 아이누
오랑캐꽃을 남긴 퉁구스
송골매와 보라매를 남긴 몽골로이드
박치기를 남긴 길략

한때 우리의 영혼으로 비상착륙한

비행접시들의 흔적이 말에 남아있어
단단히 잠긴 꼭지를 열면
아직도 떠나지 못한 외계인들이
핏속의 기억을 뚫고 올라온다.

비행접시를 닮은 피톨 중의 몇몇은
진짜 비행접시이다.

4339. 7. 14.

비행접시 18

아기는 제 어미를 엄마라고 부른다.
곧이어 아빠와 할머니와 찌찌를 구별하고 밥과 얼굴, 머리카락, 손발을 구분하며 그림책 속으로 들어가는,
아이의 뒤통수에 구멍을 내고 소消가 파고든다.
뒤이어 방防이, 수手가 줄줄이 따라 들어가
여린 몸속에 알을 낳는다.

선수, 가수, 고수, 투수, 탄약수, 기수, 나팔수, 운전수……

신경망을 장악한 기생체가 숙주와 거의 구별이 안 될 무렵,
알파벳이 필기체의 꼬리를 뻗어 눈동자로 새 길을 낸다.

뉴스, 버스, 햄버거, 컴퓨터, 마우스, 캠퍼스, 프린터, 컵, 씽크대, 샴푸, 콜라……

선택사항이지만,
리얼싼스 타이쥐엔, 으찌니쌴시, 아베체데에, 똘레랑스, 레스토랑, 콜로세움, 마카로니……

기생체의 수가 많고 힘이 셀수록
숙주의 삶은 풍요롭다.
복잡한 과정을 생략하려고
기생의 고향별을 찾아 떠나는 이들로 하여
우주정거장은 늘 북적거린다.

4339. 7. 14.

비행접시 19

유치원생 조카딸이 묻는다.

내려갈 땐 느리고
올라갈 땐 빠른 것은?

한 동안 내 머릿속의 천장을 바라보지만,
떠나온 별의 기억이 너무 아득하여
알 수 없다,
고 답한다.
컴컴한 두개골 안으로 힘차게 들어온 답이
콧물!
하고, 번쩍 불을 켠다.

조카딸이 다시 묻는다.

올라가면 내려가고
내려가면 올라가는 것은?

머릿속의 이쪽에서 저쪽으로 별똥별이 환한 금을 긋는다.
천장?
이라고 답한다.
아이의 풀죽은 목소리가 다음 수수께끼로 넘어간다.

날마다 머리를 풀어헤치고 하늘로 올라가는 것은?

답을 알지만, 잠시 머뭇거린다.
이제 막 이곳에 도착한 저 어린 별에게
절망의 길이를 미리 알려줄 필요는 없으리라.
모른다고 답한다.
연기!
라고 외치는 별에서 환한 형광 빛이 난다.

아이는 점점 길어지는 손가락을 뻗어
쪼글거리는 내 손끝에 맞추려 애쓴다.
나는 정확히 고사리 끝에 댈 수 있지만,
자꾸 흔들려준다.

그때마다 아이의 손끝에서 밝은 빛이 난다.
맞을 듯 맞을 듯하지만
좀처럼 맞지 않는 교신법을 익히는 중.

넌 대체 어느 별에서 왔니?

대답 못하는 아이의 눈동자 속에서
그 별이 초롱초롱 빛난다.
그래, 나도 거기에서 왔지.

4339. 7. 14.

비행접시 20

비행접시의 움직임은
광속이다.

빨 주 노 초 파 남 보
의 어느 한 곳을 지나왔어도
무지개의 어느 층인지는 알 수 없다.

광속에 가까운,
자신의 속도 때문이다.

빨강과 주황 사이, 혹은
초록과 파랑 사이의 수많은 층은 그만두고
정확히 빨강의 한 복판을 지나왔어도
일곱 빛깔은 뒤죽박죽 달라진다.

무지개 밖에 멈출 때까지
무지개의 빛깔은 알 수 없다.

자신도 모르게 승선한 비행접시 안에서
방금 무지개를 지나온 사람들이
빨강, 이라고 말하며
운다.
보라, 라고 말하며
운다.

4339. 7. 20.

비행접시 21

너무 센 빛을 쬐면
눈이 먼다.

너무 큰 소리는 안 들리듯
너무 큰 원은 직선이듯
아주 센 빛은 캄캄하다.

캄캄한 그 빛이 비행접시의 통로이다.
문득 나타났다 감쪽같이 사라지는 속도와 모양이
함께 본 사람들에게도 각기 다르다.

센 빛에 한 번 쬐인 눈에는
오직 그 빛 안의 세상만이 보인다.
자신의 별에서 쬔 그 빛 안에서
세상은 비로소 제 모양을 낸다.

노을, 이라고 말하지만
어떤 이의 노을은 파랗고

어떤 이의 노을은 초록빛이다.

4339. 7. 20.

비행접시 22

가시광선 바깥은
암흑이다.

아폴로 1호를 보내도
보이저 2호를 띄워도
알 수 없다.

암흑으로부터 거대한 운석이 날아들어도
피할 수 없다.

각기 다른 가시광선의 바깥에서
충돌이 일어난다.

그 우주 전쟁이 날마다
TV화면으로 중계된다.

사람은 서로에게 비행접시이다.
자신의 가시광선 밖에서 느닷없이 나타난다.

빛을 버리지 않으면
어둠의 포로가 된다.

자신의 비행접시로 잡혀와
출구를 잊고 운다.

4339. 2. 20.

비행접시 23

옥편에는
우주선의 열쇠가 숨겨져 있다.

매듭처럼 꽉 막힌 한 지점에
그 열쇠를 넣으면
딸깍!
소리와 함께
빛이 상하와 전후좌우로 뻗어간다.

그 빛을 따라
허공에 떠있는 우주선으로
순간이동과 유체일탈을 자유자재로 한다.

시간과 공간의 모든 경계가 허물어져
자로와 신경전을 벌이는 공자의
짜증스런 표정 위로 스쳐가고
묵적의 박애주의와 순자를 지나
장자와 노자가 용이 되어 숨어버린

깊은 동굴 속으로 들어간다.

다가서면 멀어지고
돌아서면 따라붙는
무수한 우주선의 문을 따는 열쇠가
옥편,
그 납작한 종이 사이에 끼여 있다.

4339. 7. 21.

비행접시 24

액자 안에 액자가 있고
그 액자 안에 또 액자가 있다.
액자 안의 액자 속으로 자꾸 들어가면
액자는 한 점이 된다.

모든 것을 삼키는 그 액자 너머에는
무엇이 있는지 알 수 없다.
거기서 액자가 무수히 쏟아져 나와
무중력의 허공을 천천히 유영한다.

이 액자들이 한 가지를 향해
가지런히 정렬하는 수가 있다.
그것을 삶,이라고 말해본다.
혹은, 말이라고도 해본다.

겨누어짐으로 하여
겨누어지지 않는 곳에 또 다른 무수한 세계가 있음을 안다.
순식간에 나타났다 사라지는 비행접시들은

그런 세계의 비늘이다.

겨누어진 한 점을 향해 빨려든다.
공중에 어지러이 떠돌던 액자들이
그 점의 반대편으로 정렬한다.
액자 밖의 세상이 사라진다.

4339. 7. 27.

비행접시 25

1

우리 동네에는 공원이 하나 있다.

아흔여덟 단짜리 계단의 아흔아홉 번째 섬돌을 오르면 쌀뜨물 같은 빛이 마중 나온다.

그 빛은 차다. 물뱀의 혀처럼 천천히 살갗을 핥는다. 미처 그 환경에 적응하지 못한 닭들이 어둠의 손아귀에 잡힌 듯 꼬꼬댁거린다.

하지만 누구나 쉽게 그 빛에 적응한다. 잠시 후엔 지상에서 발을 떼고 허공으로 떠올라 어둠속으로 또각또각 구두소리를 송신한다.

2

공원에서는 가끔 생산이 일어나기도 한다. 대부분 잠시 불이 꺼졌을 때의 일이다. 달라붙은 한 쌍이 환멸 전의 달콤한 꿀을 빠느라 서로의 꽃술 깊숙이 혓바늘을 찔러 넣고 개체 저편의 어두운 배경을 염탐한다. 그러다가 덜컥 덜미가 잡혀 공원 밖으로 사라진다.

한 번 나간 이들은 되돌아오는 일이 없다. 행복은 사람을 미치게 만든다. 어쩌다 움푹 꺼진 벤치에 돌아와 눕는 자가 있지만, 그는 지독한 환멸과 굶주림이 한 차례 훑고 간 빈털터리이다. 떠날 때처럼 텅 빈 몸뚱이로 돌아온 자에게 공원의 빛은 차갑고 환한 빛을 쪼여준다. 그런 점에서 빛은 누구에게나 공평하다.

3

공원의 빛은 확산력이 있다. 어느 공기층이나 쉽게 퍼져나간다. 한 때는 가난이 그 빛을 타고 퍼져간 적이 있다. 한 번 퍼진 가난은 가난이 아니었다. 그것은 모두에게 공평했으므로. 지금은 방종이 퍼져가는 중이다. 가지런한 문의 자물통은 물론 가슴 섶의 단추부터 바지의 자크까지 다물린 모든 것들을 풀며 공원의 구석까지 뻗어간다. 부푸는 그 빛으로 하여 모든 존재는 그림자를 갖는다.

4

그림자는 자신의 위치를 가늠하는 유일한 짝이다. 하지만 공원에서 그림자는 자주, 그리고 많이 휜다. 발에 붙어있던 것이 무지개를 타고 남의 집 담장을 넘고, 어떤 날은 물구나무서서 빛을 향해 뛰어가며 산산 조각 난다.

그렇다고 종잡을 수 없는 것은 아니다. 빛이 휘는 방향과 사물의 반동으로 퉁겨지는 성질을 잘만 알면 그림자는 허공으로 달아나도 결국 제 발바닥에 붙어있음을 알게 된다. 내 품에 안긴 여인의 팔이 등나무처럼 감고 있는 몸통은 몇 년 전에 죽은 그의 애인이다. 잘만 하면 돌아서서 눈 한심한 인생의 오줌이 그의 닝겔 병에서 떨어지는 것도 볼 수 있다.

공원 밖으로 걸어 나갈 때에서야 비로소 그림자는 계단 바닥에 달라붙어 아흔 여덟 번 꺾인다. 그러기 전까지는 자신의 그림자를 액면 그대로 믿을 수 없다. 그림자는 빛의 빚이기 때문이다.

5

공원의 짜임새는 아주 정교하다. 벤치가 몇 개 놓여있고, 등나무가 자신의 난해한 생애를 말아 올려 그 밑에 어둠을 설치한다. 편안한 발바닥을 고문하는 황토 돌들이 밟힐 때마다 수군거리고 식어버린 분수가 언제 켜질지 모르는 구멍을 자신의 가장 깊은 곳까지 심박아 놓았다. 그 모든 광경을 사방의 빛이 겨눈다.

그러나 미로에 갇힌 사람들은 끝내 본심을 드러내지 않는다. 자신을 감춘 자들이 이따금 끌려와 10원에 한 대씩 맞으며 주머니 속의 굴욕을 끄집어내고는 제 안의 미로 속으로 돌아가 흐느낀다. 함께 돌아간 기생충이 숙주의 몸뚱이 안에서 웃는다. 잠시 열렸던 뚜껑 속으로 여러 동물 문양의 빛들이 뛰어든다. 미로 속에는 악어, 전갈, 메뚜기, 뱀 같은 것들이 산다.

6

안개라도 끼면 빛의 생태는 더욱 복잡해진다. 빛이 부력을 터득한 물알갱이들에 실려 돌아다니며 색깔을 함부로 바꾼다. 어떤 말을 해도 소용없다. 빌려준 볼펜은 얼음송곳이 되어 멱을 관통하고 속도는 칼이 되어 허공을 벤다. 그 허공에 끼어있던 것들이 잘린 팔다리의 단면을 아름다운 채색 무늬로 드러낸다. 잠시 후 처절한 비명과 비릿한 핏자국이 번지지만, 이 모든 것은 어디까지나 안개 속의 일일 뿐이다. 안개가 걷히면 빛은 다시 제 성질대로 구부러지며 모든 것을 받아들여야 할 현실로 돌려놓는다.

7

동네 한 구석에는 언제 불시착한지 분명치 않은 공원이 한 척 있다. 그곳을 거쳐 간 사람들이 이따금 들러 닳아버린 빛을 충전하고 간다.

4339. 7. 28.

■시인의 시인론 1 : 정진명론

세상을 향해 활시위를 당기거나 혈을 찾아 침을 놓거나

류정환(시인)

선배는 하느님과 동기동창이며 성모 마리아의 기둥서방이다. — 이런 문구를 금과옥조로 여기며 암기하던 시절이 있었다. 선배는 가랑잎을 타고 태평양을 건너는 존재라는 둥 모래알로 쌀밥을 짓는 존재라는 둥, 여러 구절이 다 기억나지 않지만 '선배는 신과 같은 존재'라는 게 골자였다. 언뜻 들어도 가당찮은 내용인데, 마지막에 '선배는 영원한 물주다'라는 구절은 그 가당찮음을 덮어주고도 남는 힘이 있었던 것 같다. 학문과 진리의 전당이라는 대학에서 그런 '말도 안 되는' 독경讀經을 강요하고 계승해야 할 전통으로 떠받들던 장난이 무지였는지 풍자였는지 확실치는 않다. 지금 생각해보면 아마도 후자는 아니었던 것 같다. 그 내용이 군대 내무반에서 후임자를 길들이는 용도로 쓰던 조문이며 제대하는 사병을 따라 민간에 흘러나와 '실생활에 응용'된 것임을 오래 지나지 않아 알게 되었다.

하여간 그 무렵, 대학 내 문학 동아리에서 정진명 시인을 처음 만났다. 너나 할 것 없이 나중에 뭐가 될지 모르는, 시인 소리를 듣게 될지 말지 알 수 없는 풋내기 신입생들이었다. 열망이라는 게 가슴에 품은 대로 다 실현된다면 얼마나 좋을까마는, 대개는 한때 솟구치는 춘정같이 제풀에 스러지거나 뜻하지 않은 벽에 부딪쳐 꺾이고 마는 경우가 많지 않은가. 누구도, 아무 것도 장담할 수 없었다. 여름이 다 되어서 만난 그는 짧고 굵은 머리칼에 얼굴과 피부가 핏기 없이 하얬다. 맨발에 흰 고무신을 신은 모습이 언뜻 병원이 아니면 산속에 있다가 나온 사람이 아닌가 생각이 들 만큼 말간 느낌이었다. 같은 해에 입학했으니 말인즉슨 동기였지만 늦깎이로 들어온 그가 대여섯 살은 많았으니까 큰형님 격이었다.

그는 성실한 학생이 아니었다. 적어도 선배들이 보기엔 그랬을 것이다. 오죽했으면 가입만 해놓고 안 나오는 그를 '열혈 선배'들이 자취방으로 술을 들고 찾아가 끌어냈을까? 동아리에서는 매주 금요일 저녁에 합평하는 모임을 가졌는데, 그는 자주 나오지 않았다. 아니 거의 모습을 보이지 않았던 것 같다. 모임에 늦거나 빠지면 죽는 줄만 알고 매주 나가서 선배들이 무슨 얘기를 하는 줄도 모른 채 멀뚱멀뚱 앉았다가 열심히도 술을 퍼마셨던 나의 '성실한 활동'과는 아주 딴판이었다. 내가 선배들을 따라다니며 '범생이 노릇'을 착실히도 하는 동안 그는 칩거하며 독서와 습작으로 창작의 바탕을 다진 것이다. 그 결과는 자명했다. 내가 이렇다 할 작품 한 편 못 쓰고 1년을 헤매다가 휴학하고 군대를 가서 원조 암기사항을 숙지하며 3년이란 세월을 지우는 동안 그는 《문학과 비평》이란 문예지에 시를 발표하고 곧이어 첫 시집 『머나먼 DNZ』(문학

과비평사)을 펴냈다. 학교를 떠나기 전에 이미 일가를 이룬 것이다. 한마디로 짧게 말하자니까 그렇지, 사실 그 과정이 처절한 싸움의 연속이었다는 것은 두말 할 나위가 없다.

> 대학 4년이 내게 준 것은 '문학'이라는 얄팍한 부도수표였다. 나는 그 부도수표를 들고 어디로 가야 할지, 무엇을 해야 할지 몰라 이리저리 헤매었다. 옆에서 훈수를 두는 사람도 있었지만, 앞길은 전혀 보이지 않았다. 진저리가 나는 시간들이었다. (…) 지금에도 다시는 기억하고 싶지 않은 암담한 시간들이다. 그만큼 내가 만난 절망은 끝이 없었다. 나침반이 없는 배, 갈 곳 없이 방법도 없이 항구를 떠난 배, 그것이 나였다. 시간의 망망한 바다 위에서 나는 어디로 가야 할지를 몰라서 끝없이 표류했다. 그 캄캄함 앞에서 몸부림쳤다.
>
> — 정진명, 「단양이라는 화두」 부분(시집 『단양도설』에서)

희망과 절망은 길을 찾는 사람에게 주어지는 선물이자 시련 같은 것이다. 희망 없이 길을 나설 수도 없지만 절망 없이 희망이 단단해질 수도 없다. 물렁한 희망으로는, 단련된 희망이 아니고서는 멀리 갈 수 없다. 앞이 캄캄하다는 것은 길을 찾는 사람에게만 느껴지는 현상이다. 길은 천 갈래 만 갈래로 갈라져 구도자를 유혹한다. 선명해졌다가 희미해졌다가, 변화무쌍하기가 이를 데 없다. 이것이다 싶으면 저것이 선명해지고 저쪽이다 싶어 가보면 다시 다른 길이 눈에 들어온다. 결국 중요한 것은 길이 아니라 선택과 집중, 흔들리지 않는 나의 주관일 터이다. 천

변만화하는 길을 하나로 가지런히 할 수 있는 내공은 끊임없는 공부와 삶에 대한 곡진한 태도에서 비롯된다.

그는 조직의 질서를 무시하고 거스르는 사람이 아니었다. 가입 연도를 따져서 기수를 정하는 규정을 받아들여서 나이 어린 선배에게 깍듯이 예를 갖췄다. 그런데도 그가 '신과 같은 선배'들에게 불편한 후배였던 것은 단순히 나이가 많아서가 아니다. 후배는 선배의 그늘 아래서 놀아야 귀여운 법이다. 부처님 손바닥 안에서 나부대는 손오공처럼. 한 손에 들어오지 않는 후배같이 골칫거리도 없다. 거느리자니 부피가 커서 자꾸 흘러내리는 짐처럼 부담스럽고, 내치자니 명분과 자존심에 상처가 생기기 때문이다. 그는 동아리의 오래된 전통이 만들어놓은 패러다임 안에서 만족하지 않았다. 자꾸 울타리 밖의 다른 세계에 대해 묻고 나갈 길을 찾는 그가 선배에게는 적잖이 곤혹스런 존재였을 것이다. 모른다고 말하자니 체면이 안 서는 일이고 뭔가 말해주자니 잘 모르기는 마찬가지였을 테니까. 누가 말해주든 말해주지 않든 그는 끊임없이 의심하고 길을 찾는 패스파인더의 면모를 보여주었다. 그의 후배들이 그를 진정한 '신과 같은 존재'로 바라보게 된 것은 자연스런 현상이었다.

길은 끝이 없다. 어딘가 도달했다고 생각하는 순간이 없는 건 아니지만 그것이 또 다른 길의 시작일 뿐이라는 걸 금세 깨닫게 된다. 그러니까 어쩌면, 끝내 어디에도 이르지 못하는 것이 길을 나선 사람의 숙명인지도 모르겠다.

그는 학교를 졸업하고 교사가 되어 떠났다. 부임지인 단양으로 가는 그의 저고리 속주머니에는 교사자격증과 함께 '문학이라는 부도수표'가 들어 있었다. 그의 평소 행색을 상상해 보건대 바지 뒷주머니가 아니라 틀림없이 왼쪽 가슴께 속주머니였을 것이다. 그 이후 그는 대개 산간벽지를 떠돌았다. 단양에서 보낸 시간이 한 십여 년, 청주로 나왔다가 이내 보은으로 내려가 한적한 시골 중학교를 돌며 근무한 것이 또 한 십 년 되는 듯하다. 그 세월 동안 그는 엄청난 분량의 시를 써댔다. '썼다'는 말로는 부족하고 '써댔다'라고 해야 마땅할 것 같다. 가는 곳마다 시집 한 권이 나왔다고 해도 과언이 아니다. 사실 오래된 인연에 비하면 그를 자주 만난 게 아닌데도 자주 만난 것 같은 착각이 드는 것도 잊을 만하면 부쳐오는 시집 때문일 것이다. 시집도 그냥 시집이 아니라 소설책 한 권 분량의 장시長詩여서 받아 들고 당황스러웠던 적이 한두 번이 아니다. 입이 딱 벌어져서 이걸 어쩌란 말이냐고 따지고 싶을 정도였다. 그렇게 놀라는 것도 거듭하다 보니 내성이 생겨서 덤덤해지긴 했지만, 책을 받을 때마다 감탄사가 나오는 건 여전하다. 단양에서 펴낸 『용설』과 『단양도설』, 『정신의 뼈』, 보은에서 펴낸 『회인에서 속리를 보다』 같은 시집들이 이에 속한다. 고백하건대 나는 아직도 이 책들을 다 읽지 못했다. 짬짬이 눈에 띌 때마다 펼쳐보지만 가늠하기조차 어려운 세계 앞에서 이내 주눅이 들곤 한다. 다만 그가 눈앞에 펼쳐진 세계를 세심하게 읽고 새롭게 해석하려는 노력을 멈추지 않는다는 것은 알고도 남음이 있다.

사실 시인으로서 시를 쓰는 건 기본적인 일이다. 그런데 그게 말이 쉽지, 매너리즘에 빠지지 않고 긴장감을 유지하며 꾸준하게 작품을 쓴다는 게 여간 혹독한 행로가 아니다. 타성에 붙들려서 시작詩作이 지리멸렬할 때, 시를 쓰는 일이 자신과의 싸움일 뿐 아무것도 아니라는 생각을 하게 되는 것도 그런 까닭이다. 끊임없이 글감을 찾아내고 그것을 헛되이 흘려버리지 않고 밀고 나가는 그의 혜안과 집중력은 참으로 경이롭고 부러울 따름이다.

이론으로나 작품으로나 그가 구축한 문학세계를 나는 상상도 하기 어렵다. '전지적'이라 할 만한 그의 시론을 듣노라면 나는 때때로 당혹스럽다. 그의 논리는 지난한 공부의 과정을 거쳐서 만들어진 것이다. 이를테면 '시집 천 권 읽기' 같은 어마어마한 프로젝트를 통해 국내의 주요 시집들을 섭렵함으로써 한국 시단의 경향과 수준을 속속들이 파악했다고 자부한다. 나는 그런 작업이 가치 있는 일이며 상당한 성과를 거두었다고 믿는다. 그리하여 하나에서 열까지 의도대로 읽고 쓰는 경지에 감탄하면서도 선뜻 납득하지 못하는 면이 있다. 작품에도 운명 같은 게 있다고 믿는 나는 창작과정에 개입하는 우연성을 즐기는 편인데, 그런 이유로 그의 시작詩作이 조물주처럼 통달한 이론에 따라 '설계'한다는 느낌이 들 때가 있는 것이다. 물론 그것은 나의 기우일 뿐이지 시비거리는 아니다. 누가 시비를 건다고 해도 두려워할 사람도 아니고 웬만해선 설득 당할 사람도 아니다. 난공불락의 견고한 성, 그것은 외부의 공격을 차단하는 데 효과적이지만 한편으로는 자신을 가두는 벽이 될 수도 있다는 생각도 들지만 역시 나의 기우일 터이다.

주변의 동료 작가들을 놀라게 할 만한 다작에도 불구하고 그의 글쓰기에서 시가 차지하는 비중은 반에 반도 안 되는 듯하다. 문학을 중심에

놓고 보자면 그의 저작 중 팔 할은 딴 짓(?)에 속한다. 건강상 이유 — 그는 폐 기능이 좋지 않아서 수차례 수술을 받았다 — 로 집궁執弓한 이후 활쏘기에 관한 책을 여러 권 저술하여 국궁계의 대표적 이론가로 주목받게 된 것이 벌써 오래전의 일이다. 그는 지금도 전국 방방곡곡을 다니며 전통 활쏘기와 관련된 자료를 모으고 증언을 채록하는가 하면 학술그룹을 꾸려서 논문집을 펴내고 있다. 침술에 관심을 갖고 공부한다는 소식을 들었는가 싶으면 이내 관련 저술들이 쏟아져 나왔다. 활이나 침이나 음양오행이라는 동양사상을 바탕으로 하는 공통점이 있는 줄 짐작은 하지만, 어느 분야든 손을 대면 배우고 익혀서 끝장을 보는 근기에는 경탄을 금할 수가 없다.

그러고 보면 그는 허송세월을 가장 못 견뎌하는 것 같다. 끊임없이 할 일을 찾고, 해야 할 일이라고 생각하면 망설이는 법이 없다. 시간이 얼마가 걸리든 비용이 얼마나 들든 그런 걸 문제라고 생각하지 않는다. 세상이 인정해 주거나 말거나 그런 것에 연연해하지도 않는다. 그에게 장애물은 오직 의지가 있느냐 없느냐 하는 것뿐이다. 알다시피 그가 활을 쏘고 침술을 익힌 것은 자신의 몸의 건강을 유지하려는 양생에 목적이 있었다. 그렇게 발을 들인 세계와 소통하는 데 혼신을 다 바치기를 주저하지 않는다. '창조적 모순'이라고나 해야 할까. 그의 눈에 들어온 현상現象과 군상群像들이 대개 시가 되고 소설이 되어 나왔음은 물론이다. 이제 그의 세계는 문학을 넘어 세상으로 나아간다. 언제 어디에 있든 그는, 흔들리는 세상 어느 곳을 겨누고 활시위를 당기거나 아픈 세상의 혈을 짚어 침을 꽂을 것이다. 시인의 이름으로!

■시인의 시인론 2 : 정진명론

킬리만자로의 표범

안미현(시인)

1

때는 바야흐로 1988년으로 거슬러 올라간다. 대한민국의 13대 대통령으로 노태우 당선자가 취임하고 88올림픽이 열렸던 해다. 벌써 26년 전이니, 호랑이 담배 피우던 시절의 이야기다. 햇병아리 신입생 눈에 비친 대학은 공부는 안 하고 '노태우 정권 물러가라!', '독재정권타도!'를 외치며 화염병을 던지고, 매캐한 최루탄에 머리가 깨지는 전쟁터였다. 직업 양성소로 바뀌어버린 오늘날의 대학풍토에 비하면 지성인이라는 이름으로 사회에 대고 목소리를 냈던 마지막 시기였는지도 모른다.

모두가 선망하는 학과에 어렵사리 진학한 기쁨도 잠시, 대학은 도무지 재미없는 것만 가르쳤고, 고향이 다른 학과 동기생들과는 물과 기름처럼 어울리지 못했다. 마침 봄에 대학교 후문에서 동아리마다 후배 신입생을 모집하는 행사가 열렸다. 지금은 아마도 사라진 풍경이 되었을 거다. 동아리마다 신입생을 많이 모집하기 위해서 책상에다 동아리 소개 책자라든가 활동 소식이나 사진들을 붙여놓고 지나가는 신입생을 열심히 잡아끌었다.

딱히 관심 가는 동아리가 없던 차에 중고등학교 때 곧잘 백일장에서 상을 받곤 하던 생각이 나 문학 동아리나 한번 들어가 볼까하는 맘으로 신입생 가입원서를 집어 들었다. 그곳이 바로 애매모호하기도 하고 거창하기도 한 〈'창'문학〉으로, 당시에 이미 역사가 30년은 족히 된 유서 깊은 문학 동아리였다.

으레껏 신입생 환영회가 열리고, '올해는 어떤 신입생들이 들어왔나?' 하고 궁금해 하는 선배들이 동물원의 원숭이 구경하듯 동아리방을 가득 채웠다. 거기서 만난 선배 중 하나가 바로 오늘 이 시인론의 주인공인 정진명 시인이다. 신참내기 1학년 후배에게 군대까지 다녀와 나이 지긋한 4학년 졸업반 선배란 하늘과 같아 감히 똑바로 쳐다보는 것도 힘들었다.

문학동아리라 당연히 국문과에 재학 중인 동인들이 회원의 주를 이루었다. 당시 국어교육과 4학년인 정진명 선배는 다소 엉뚱하고 기이했다. 여름에도 곰팡이 필 것 같은 가죽점퍼를 입고 학생회관 앞의 등나무 아래서 이따금 단소를 불거나 기타를 쳤다. 저녁 어스름이 깔릴 무렵 구성지게 울려 퍼지는 그의 단소 소리를 듣고 발걸음을 멈추거나, 연정을 품지 않은 여학생은 거의 없을 정도로 그는 충북대의 명물이었다. 뒤풀이에선 언제나 조용필의 노래 「킬리만자로의 표범」을 구성지게 불렀다. '먹이를 찾아 산기슭을 어슬렁거리는 하이에나를 본 일이 있는가? 짐승의 썩은 고기만을 찾아다니는 산기슭의 하이에나. 나는 하이에나가 아니라 표범이고 싶다. 산정 높이 올라가 굶어서 얼어 죽는 눈 덮인

킬리만자로의 그 표범이고 싶다'로 시작하는 서두가 다소 긴 노래~. 비장감마저 감도는 그 노래와 같이 그는 무언가를 끊임없이 찾아 헤매는 굶주린 하이에나였다. 굶주린 그에게 그때의 먹잇감은 다름 아닌 시였다. 그때 들은 바로는 싸구려 줄담배를 피워가며 엎드려서 밥 먹듯 시를 써대다 폐에 구멍이 생기는 기흉이란 병도 얻었다고 한다. 그 일 때문에 그는 몇 차례 수술도 하고 건강도 많이 쇠약해졌다. 아마 대학 재학 시절 쓴 시만도 족히 천 편은 넘을 것으로 추측된다.

그 당시 동아리 활동의 주요 내용은 1주일에 한번 동인들끼리 돌아가며 자작시 서너 편씩을 모아 합평회를 하는 것이었다. 그 시간은 쥐구멍이라도 찾고 싶을 만큼 가혹한 비판들이 쏟아졌다. 이게 시가 맞느냐는 둥, 이따위로 쓸려면 때려치우라는 둥, 도대체 말랑말랑한 칭찬을 하는 사람이나, 칭찬을 받는 사람은 거의 없었다. 가혹한 시평을 듣는 저학년들은 눈물 콧물을 짜면서도 견뎌내야 하는 두려운 시간이기도 했다. 두어 시간 신랄한 비평이 끝나면 다함께 뒤풀이를 하며 밤새워 문학을 논하고 시대를 논했다. 1차, 2차, 3차로 이어지는 뒤풀이에서 제 정신으로 집에 돌아 간 사람들은 거의 없다고 봐도 좋았다. 하늘을 덮고 노상취침을 하거나, 가만히 있는 전봇대가 인사를 해서 앞니 몇 대씩 해먹는 건 차라리 영광이던 시절이었다.

선배는 후배의 영원한 물주고, 선배는 원고지를 타고 대하를 건넌다는 말도 안 되는 노래를 고래고래 부르며 그렇게 피 터지는 1년이 지나면, 가을 무렵 졸업한 동인들과 재학생 동인들이 자작시를 모아 합동 시전을 열곤 했다. 교정의 한가한 숲에서 거의 일주일 동안 전시를 했는데 그 시들 중 인기는 단연 정진명 선배의 시였다. 시를 알고 좋아하는 건지 뭔지는 모르지만, 가장 많은 장미꽃과 초콜릿이 그의 시 앞에 놓이곤 했다. 그는 후배들에게는 영원한 우상이었고 선배들에겐 풀리지 않는 숙제 같은 사람이었다. 모든 선후배들은 번번이 그의 시 앞에서 좌절을 맛보고 그를 뛰어넘으려 시를 쓴다고 해도 과언이 아닐 정도였으니까…….

나의 신입생 1년이 그렇게 정신없이 지나가고 그는 졸업을 하고 교사가 되었다. 그냥 조용히 시나 쓰면서 학생들을 가르칠 줄 알았던 그는 물을 만난 물고기처럼 왕성한 창작 활동을 시작했다. 대부분의 동인들이 졸업과 동시에 먹고 사는 일에 시달리면서 시로부터 멀어지는 것과는 정반대 현상이었다. 밥 먹고 잠자는 시간외엔 오로지 시만 쓰는 것처럼 보였다. 도무지 그칠 줄 모르는 그의 창작욕은 어디서 비롯된 걸까? 가난하고 여린 유년의 반작용일까? 할 일이라곤 시 쓰는 것밖에 없는 자의 심심한 되새김질일까? 나는 아직도 그 의문을 풀지 못했다. 실제로 그는 얼마 전 조촐한 출판기념회에서 말하기를, 책을 내는 일은 아침에 눈뜨고 일어나 화장실 가는 것만큼이나 쉽다고 했다. 언뜻 들으면 자만으로 느껴질 수 있지만 그가 대학을 졸업하고 근자에 이르기까지 약 30여년 세월 가까이 쓴 저작들을 본다면 쉽게 수긍 가는 일이다.

1989년 첫 시집 『머나먼 DMZ』부터 시작해서 2012년 10집 『회인에서 속리를 보다』까지 23년 동안 10권의 시집을 세상에 내 놓았다. 평균 2년에 한 권씩 시집을 낸 꼴이다. 시집뿐 아니라 중간 중간 활쏘기에 관한 책, 침뜸에 관한 책, 시 쓰기 이론에 관한 책까지 합친다면 저작은 더

더욱 늘어난다. 1년에 최소한 1권 이상 되는 책들이 그의 손에서 나왔고, 내주겠다는 출판사가 없어서 활자화되지 못하고 지금껏 잠자는 원고만 해도 몇 권이라고 한다. 이것은 시도 마찬가지여서 그의 개인 인터넷 카페 '머털 도사의 즐거운 교실, 시문관'[1]에 들어가 보면 시집 출판 이후 쏟아져 나온 엄청난 양의 작품들을 금방 확인할 수 있다. 활쏘기에 관한 책은 이미 국궁계에서 필독서이자 고전으로 자리 잡았고, 침뜸 책도 그 분야에 입문하는 사람들에게 교과서처럼 읽힌다. 어느 분야든 손만 대면 그 분야에 꼭 필요한 책이 나온다. 이 정도면 사람이 아니라 책 쓰는 기계가 아닐까 싶을 정도다. 책의 완성도를 논하기에 앞서 자신을 끊임없이 채찍질한 한 사람의 정신적 산물로써 손색이 없다 하겠다.

2

처음 시인론 청탁을 받았을 때 나는 단번에 거절했어야 했다. 하지만 시론이 아닌 시인론이라는 꾐에 빠져 얼떨결에 시작해놓고 보니, 역시나 내가 감당하기엔 너무 큰 숙제였음이 드러났다. 나는 10권이 넘는 시집과 여러 권의 다양한 책들을 쌓아놓고 한동안 망연자실했다. 뒤에서 언급할 시집은 빼고 다른 책들을 뽑아보면 이렇다.

- 1996 우리 활 이야기
- 1997 충북 국궁사(편저)

1) http://cafe.daum.net/dosanym

- 1999 한국의 활쏘기
- 1999 평양감영의 활쏘기 비법(공역)
- 2000 이야기 활 풍속사
- 2009 우리 침뜸 이야기
- 2010 활쏘기의 나침반
- 2011 우리 침뜸의 원리와 응용
- 2012 시를 보는 새로운 눈: 시의 3원소
- 2014 고려침경 영추

이 많은 책 앞에 도대체 내가 할 수 있는 일이 무엇인지 감이 오지 않았다. 그렇다고 한번 뱉은 말을 물릴 수도 없는 노릇이었다. 다른 누구보다 더 정진명 시인을 많이 안다고 착각한 결과였다. 눈앞이 캄캄하고 자괴감이 몰려 왔다. 이 짧은 시간에 이토록 많은 책들을 다시 꼼꼼히 읽고 무언가를 평한다는 것부터 내 능력 밖의 일이었던 것이다. 그래서 고심 끝에 얻은 결론은 그야말로 시론은 평론가들에게 맡기자는 것이다. 정진명 시인의 말대로 사람 냄새 나는 시인론을 쓴다면 그 또한 의미 있는 일이 아닐까 싶다. 그것은 어느 평론가도 할 수 없는 일이기 때문이다. 시간과 공간과 추억을 공유하지 않은 사람은 절대로 할 수 없는 그 사람에 관한 이야기. 하지만 그 이야기들조차 공유한 시간이 너무 짧기에 그를 안다고 하기엔 턱 없이 모자라고 아쉬운 부분이다. 그래서 결국엔 내 눈에 비친 몇 가지 이미지만으로 그를 이야기할 수밖에 없다. 그의 많은 작품들에 대한 평가는 당대의 평론가들이나 후대의 사람들이

반드시 연구해야 할 영역인 것이고, 나는 그야말로 내가 보고 느낀 그의 후일담을 쓰면 되는 것이리라. 그 또한 쓰레기 버리는 이웃집 아저씨고, 누군가의 선배고, 아버지고, 남편이고, 선생님이기 때문에…….

지극히 개인적이고 추상적인 관점에서 정진명 시인의 시의 장점을 꼽자면 주제가 명확하다는 것이다. 어떤 표현도 주제를 말하는데 있어 사족을 만들지 않는다. 주제가 생기면 끈질기게 관찰하고 응시하여 기필코 자기만의 정신적 결과물을 만들어낸다. 화려하지 않고 어렵지 않으면서 본질에 다가가는 그의 관찰력은 놀랍고도 놀랍다. 시대정신을 잃어버린 문단에서 오로지 자신만의 정신세계를 보여주는 것이다. 우주와 나와 자연의 법칙을 연구하고 그것을 시라는 형식을 빌려 표현한 것이다. 시란 어쩌면 뼈대에 살을 붙이는 작업인데 오히려 그는 모든 미사여구를 걷어내고도 시가 될 수 있음을 보여준다. 정신은 없으면서 화려한 치장으로 사람들의 머리를 혼란하게 하는 시, 자신만의 방에서 세상과 단절한 채 굉장한 것을 쓰고 있다고 착각하는 시, 남들이 써 먹은 이미지를 재탕 삼탕 우려먹는 시, 도인인 양 높은 곳에서 세상을 내려다보며 혼자 지껄이는 시들과는 격이 다른 시를 쓰고 있는 것이다.

그는 끊임없이 자신을 시험하고 자신을 뛰어넘는 지속적인 몸부림을 통해 결국 인간이 추구해야하는 정신세계를 보여준다. 삶의 본질을 때론 침을 통해, 때론 활을 통해, 때론 정신을 통해 표현해 낸다. 그 작품들이 결코 혼자만 중얼거리는 노래가 아니라 누구나 읽으면서 고개를 끄떡이게 되고 입가에 미소를 짓게 되고 가슴이 따뜻해지는 여운을 남기는 것이다. 높은 곳에 있으면서 낮은 곳을 향하는 의식이야말로 본받아야 될 시정신이 아닐까 한다. 사소한 것에 대한 지극한 애정과 관심이야말로 정신의 줏대와 순결성을 이야기하면서도 바로 우리 이웃과의 이야기로 연결되는 것이다. 대개 관념적인 시들은 책에서 배운 내용이나 경험하지 않은 정신의 세계를 논하기 때문에 어려워지는 딜레마에 빠지고 만다. 하지만 그는 우리가 지향해야할 정신도 내가 뿌리박고 사는 현실과 이웃에서 결코 멀어질 수 없음을 너무나 잘 알고 있다. 하여 '개미와 사람의 목숨은 무게가 다르지 않다'(시집 『회인에서 속리를 보다』의 자서 중에서)는 의식에 도달하게 되는 것이다. 지나치기 쉬운 것에서 우주를 보고 우주의 법칙을 보는 것이다. 그의 시가 다른 시와 구별되는 점이 바로 그것이다. 사소한 것에서 철학과 우주와 정신을 끌어낼 수 있는 능력이 그에겐 있다. 시를 쓰는 것이 아니라 스스로 시를 산다고 하는 것이 더 옳다.

정진명 시의 전환점이 된 시집은 『단양도설』(2004)이 아닌가 한다. 이전의 1, 2, 3집에서 보여준 시는 일상생활에서 느낀 감정의 편린들을 묘사한 것이 대부분이었다. 그러나 4집 『단양도설』에서부터 물신화된 문명사회에서 인간의 정신이란 무엇인가를 깊이 천착하기 시작했다. 그 이후 시집 『정신의 뼈』(2005), 『활에게 길을 묻다』(2005), 『용설』(2006), 『노자의 지팡이』(2007)까지 우주와 나와 자연이 하나이며 그 속에서 인간이 추구해야 할 정신은 무엇인가 하는 문제를 끈질기게 다루었다. 헛된 욕망에 사로잡힌 현대인들에게 진정한 나와 우주를 찾는 정신적 성찰을 보여주는 것이다. 물신화된 현대를 사는 우리가 추구해야 하는 정신이란 무엇인지에 대한 질문을 던진다. 이런 길고 고단한 여정 끝에 드디어 그는 『완전한 사랑』(2008)이라는 시집을 내놓게 된다. 우주와 나와 정신의 문제를 신의 사랑으로 연결시키며 신과 인간의 사랑이 본래 하나라는 결론에 도달하는 것이다. 어쩌면 그런 치열한 정신의 문제도 사랑을 빼놓고는 생각할 수 없다는 결론에 이르게 된 것이다. 인간과 인간의 사랑은 신과의 사랑으로 영역을 확장해서 사랑은 본래 하나임을 이야기 한다.

이후 그는 잠깐 숨고르기를 한다. 4년 뒤 『회인에서 속리를 보다』(2012)를 통해 그는 자연과 삶이 조화를 이룬 공간인 회인에서 자연을 바라보는 인간의 관점을 이야기 한다. 작은 나무 하나, 돌 하나, 고개 하나가 삶의 근거지고 화두가 되는 것이다. 결국엔 그가 머문 모든 곳은 시가 되고 역사가 된다. 당연한 결과로 내가 사라진 곳에 남는 것이 진짜 시(『회인에서 속리를 보다』 시인의 자서 중에서)가 아닐까란 생각에 그의 시는 도달하게 되는 것이다. 그는 결코 크고 거창한 것에서 정신을 논하지 않는다. 작고 보잘 것 없는 우리 주변의 사물들에게서 영감을 얻고 깨달음을 얻는 것이다. 그리고 나 자신마저 잊는 그 찰나에 다음 시는 꽃 피었다.

금낭화

화단 향나무 옆에 아기낚싯대 몇이
불그레한 금낭을 조로록 매달고 있다.

자줏빛 비단으로 짠 콩알만한 금낭 다발을
쪼그리고 앉아 한참 바라보다가

내 큰 몸뚱이로는 거기 매달릴 수 없어,
그 끝에 마음 하나를 달아 놓는다.

바람이 불면 와르르 함께 흔들리며
다음 생으로 넘어갈 붉은 심장을.

— 시집 『회인에서 속리를 보다』에서

짧은 한 편의 시에서 그는 나와 자연과 무가 되는 인생을 이야기한다. 쪼그려 앉지 않으면 보이지 않는 콩알만한 금낭화에서 우주를 읽고 인생을 읽는 것이다.

3

이쯤에서 지나친 칭찬에 속이 거북하고 메스꺼운 사람들을 위해 그의 시의 단점에 대해 얘기해볼까? 굳이 단점을 꼽자면 그의 시가 약간은 건조하다는 것이다. 이런 느낌은 감성적인 시를 쓰지 않기 때문에 수반되는 결과일 수도 있다. 감성적인 시들은 행간과 의미에 여유가 있기 마련인데 그의 시는 한 가지 주제를 정하고 쓰는 연작시가 많고 주역이나 음양오행 같은 학문적인 내용의 시들이 많아서 감정이 개입할 틈이 없기 때문일 것이다.

그리고 시는 울림이 있어야 한다는 전제하에 단점을 꼽자면 그의 시는 좁쌀영감처럼 시시콜콜 설명한다는 것이다. 좋은 시는 읽고 난 뒤 다층적인 여운이 남아야 한다는 편견 하에서 그렇다는 것이다. 그런 친절한 설명은 간혹 독자의 유일한 권리인 상상력까지 간섭(?)하는 것이다. 하지만 시가 이미지나 표현의 문제가 아닌 표현하고자 하는 시정신의 문제라고 할 때 나는 그의 시의 단점에 대한 더 이상의 언급은 보류하도록 한다. 아직도 그의 지치지 않는 호기심과 학구열은 끝나지 않았고 앞으로도 시집은 계속해서 나올 것이기 때문에. 시 쓰기에 대한 그의 여정의 반도 안 되는 시점에서 굳이 단점을 따진다는 것은 억지 흠집 내기에 불과하기 때문에.

4

그는 아직도 눈 덮인 설산을 오르는 고독한 표범이다. 지금도 시를 쓰고 책을 내고 사화집을 엮어서 시 낭송회를 연다. 세상이 알아주지 않아도 자기만의 길을 혼자서 가는 무식하리만큼 열정적인 그의 길에 응원의 박수를 보낸다. 하지만, 기와 혈을 깎아가면서까지 무리한 작품 활동으로 건강을 해치는 일이 없기를 바란다. 건필하시고 모든 이의 정신적 등대가 되는 사람으로 오래 오래 남아주시길……. 먼 훗날 21세기가 간절히 원한 사람이 되시길!

■ 시인의 시론

실패로 끝난 나의 시 운동

정진명(시인)

1

'시'에다가 '운동'이란 말을 붙일 수 있을지 어떨지는 나도 잘 모르겠다. 그런데 시를 나 혼자 하자는 것이 아니고, 다른 사람들과 더불어 '쓰고', '나누고', '즐기자'는 쪽으로 말을 하자면 스포츠에서 쓰는 '운동'이라는 말을 붙일 수도 있을 것 같다.

오늘날 우리나라의 문예 진흥 정책이라는 것이, 나라나 단체나 개인이나 무슨 무슨 상을 제정하여 자기들 입맛에 맞는 사람들에게 주고받는 것이 거의 전부라고 여기는 듯하여 씁쓸하기 그지없는 마당에, 이런 현상을 전제로 하고서 내가 살아온 지난날을 돌아보면, 나의 계획은 실패가 뻔히 예상되는 황당하기 짝이 없는 생각이고 짓임이 틀림없다. 앞으로도 실현될 가능성이 없는 마당에, 지난날의 실패를 돌아보는 일도 나에게는 의미가 없지 않을 듯하여 간단히 정리해보려는 것이 이 글의 목적이다.

2

시 쓰는 내 버릇을 결정지은 것은 충북대학교의 문학동아리인 '창'이었다. 충남 아산에서 태어난 내가 한 10년 서울을 전전하다가 어찌 된 인연으로 충북대학교에 입학하면서 생긴 일이다. 지금 실패라고 말한 나의 생각과 짓들도 모두 여기서 비롯한 것이다. 창문학은 형식상의 지도교수만 있지 실제로 누구한테 지도받거나 훈수를 받은 적이 없다. 오로지 거기 동아리 방에 모인 동인들끼리 시 쓰는 법을 서로 토의하고 배웠다. 그리고 그런 결과를 1년에 한 번씩 대학 풋내기들의 동인지 형식으로 묶었다. 그 과정에서 생기는 갖가지 일들이 젊은 날의 풍성한 추억을 만들었고, 그것이 문학과 시가 현장에 생생하게 살아있는 모습이고, 또 그렇게 삶 속에 뿌리박아야 시는 영원히 우리 곁에 살아 있는 생명체로 존재한다고 믿었다. 그리고 그 믿음은 나만 그런 것이 아니라 거기에 몸담았던 사람들 대부분이 공감하는 부분이다. 젊은 날의 절규가 그 방에 몸담은 사람들의 영혼을 꿰뚫고 지나갔다.

그런데 우리가 그 우리 밖으로 벗어나 세상을 접하면서 비로소 이 세상에는 우리처럼 생각하지 않는 사람들이 더 많다는 사실을 깨달았다. 이상하게도 사람들은 문학상에 집착을 하고 잡지와 언론에 시 발표하는 일에 촉각을 곤두세웠다. 해마다 신춘문예에 열광하는 젊은 문학 지망생들의 태도나 문예지의 시인 추천에 대한 관심이 그런 증상들이었고, 실제로 동아리 밖에서 만나는 사람들의 관심은 시 쓰는 행위 자체보다는 그런데 많이 쏠려있었다. 그래 보였다. 이게 이상했다. 내가 보기에, 그런 것들은 시를 쓰는 과정에서 나타나는 사소한 부산물에 지나지 않는데도, 다른 사람들은, 혹은 다른 동아리 사람들은, 혹은 다른 지역의 문인들은 그러는 것 같지 않았다. 물론 나 자신도 대학 3학년 때인 1987년에 얼떨결에 한 잡지의 추천을 받아서 시인이라는 명찰을 달았지만, 그건 정말 우연히 일어난 일이고 그 무렵 나에게는 별로 중요한 일이 아니었다. 그건 정말 말 그대로 문학행위라는 빙산의 일각에 지나지 않는 것이었다.

그런데 오늘날 돌아보면 어떤가? 신문 잡지마다 문학상 제정하기, 자치단체마다 문인 기념관 짓기, 대학마다 백일장 열기……. 그런 눈요기식 행사 이외에 문학계에 남아있는 '문예 운동'이 무엇인가? 바로 오늘날의 이 수준으로 볼 때 그 당시 내가 품었던 생각이 순진하다 못해 얼마나 어리석고 한심한 생각이었는가를 확인하게 된다는 말이다.

나는 그 무렵, 진정한 시는 삶 속에 생생하게 살아있는 것이야 한다고 생각했다. 그래서 창문학회의 동인들과 함께 내가 몸담은 그곳에서 시를 온몸으로 쓰고, 시집을 함께 엮고, 시의 삶을 나누면, 그것이야말로 완벽한 시 운동이고, 그런 행위와 모임이 지역의 곳곳에 살아 꿈틀거릴 때 시도 꽃을 피운다고 믿었다. 이른바 문단이란 말하자면 그렇게 해서 잠시 솟았다 지는 꽃송이이고, 지역의 살아있는 작은 모임들이 모든 문학의 알뿌리이자 바탕이라고 믿었다. 이런 지역 문학 없이 중앙 문단이란 모래톱에 집짓기라고 믿었다. 그래서 그 무렵 생각한 것이, 우리 동인들을 중심으로 먼저 동인지를 만들어서 그것을 활자화하여 유통시키고, 그것이 정착하면 비평까지 곁들여서 시 종합지의 성격으로 끌어올리고, 나아가 연간지를 만들어서 매년 발행하다가 여건이 되면 계간지로 추진하고, 그것이 정착되면 월간지로 간다는 구상을 했고, 실제로 동인들에게 그 같은 의견을 말했다. 그때가 1987년 무렵의 일이다.

그렇지만 이런 일이 실현되려면 두 가지가 갖추어져야 한다. 그런 글을 쓸 수 있는 필진과, 그런 글을 책으로 만들 수 있는 돈이다. 당시 배고픈 대학생에게는 꿈도 꿀 수 없는 일이다. 그런 꿈을 동인들과 이야기하다가 세월이 흘렀고, 나는 졸업했으며, 교사가 되어 월급을 타기 시작했다. 처음 꿈꾸었던 것이 현실로 다가온 것이다. 그래서 교사가 된 지 3~4년 후인 1992년도에 '창 서신'이라는 편지를 쓰기 시작했다. 위의 생각을 구체화하기 위해서 창문학 출신의 동인들에게 돈과 시를 준비해달라고 독촉하는 편지이다. 1달에 1번씩 써서 꼬박꼬박 보냈다. 그 과정을 통해서 자금을 몇 백 만원 만들었다. 때마침 〈신세대 새로운 감성의 시〉라는 사화집이 꾸려졌다. 서울에서 출판사를 시작한 한 동인이 그 해의 좋은 작품을 선정해서 합동시집을 내주고 그를 바탕으로 시단의 새로운 흐름을 만들겠다는 의욕 넘치는 계획을 실천한 것이었다. 1집은 그 동인이 자비로 출판했지만, 2집부터는 우리가 출판비의 일부를 대자고 제안하여 앞의 편지를 통해 모금을 독려한 것이고, 실제로 그 기획에 자금이 쓰였다. 그러나 그것은 3집으로 그쳤다. 편집과 출판과 모금을 맡은 사람이 모두 제각각이어서, 3사람의 생각이 한 몸처럼 움직이지 못한 것이다. 결국은 이 야심찬 기획은 제3집으로 끝나면서 내가 당연하다고 여긴 것이 얼마나 현실과 동떨어진 발상인가 확인하는 계기가 되었다. 그것이 1994년의 일이다.

3

그리고 나는 시의 밖으로 겉돌았다. 현직 교사로 아이들 가르치는 일이 내 에너지를 빨아들였고, 또 건강 때문에 시작한 활쏘기로 새어 활 관련 책을 쓰며 한 10년을 흘려보냈다. 물론 그 중에도 시를 쓰는 일은 멈추지 않았다. 그렇지만 읽어주는 사람도 없이 이렇게 혼자 시를 쓰는 일은 참 재미없는 일이다. 더욱이 같이 고민하는 사람들과 소통하지 않는 일은 개인의 고독과 고통을 심화시키는 일이었다. 대부분 그 벽을 넘지 못하고 평범한 생활인으로 주저앉는다. 그래도 변하지 않는 시의 본질은 있다고 생각했고, 처음에 생각했던 나의 구상은 여전히 유효하다고 믿었다. 그래서 10년 썩었으면 다시 시작할 때가 되었다는 엉뚱한 생각이 들었고, 시집을 냈다. 그것이 2004년에 나온 『단양도설』이다.

그 시집을 낼 무렵에는 10년 전과 문학 판의 상황이 많이 달라진 듯했다. 문예지가 우후죽순으로 늘어나 생존하기에도 바빴다. 뿌리는 부실한데 꽃만 피우려는 풍토였다. 그리고 작가회의와 민예총이 문예운동의 중요한 세력으로 자리 잡으면서 그나마 지역에서 들풀처럼 자생하던 조직과 사람들도 블랙홀처럼 그리로 빨려들었다. 이제 아마추어나 취미 활동으로 생활 속에서 시를 펴 올리는 자들은 남아있지 않은 상태였다. 누구나 시인이고 누구나 예술인이었다. 그것이 나쁜 일이랄 수는 없다. 그렇지만 그런 조직의 기관지에 발표되는 작품들을 보면 하향평준화 조짐이 뚜렷했다. 프로라는 허영심에 사로잡혀서 아마추어만도 못한 작품을 써내면서 프로 대접을 받으려는 심리는 예나 지금이나 다를 게 없지만, 그것이 스스로 걸러낼 장치를 잃음으로 해서 시 수준 전체를 낮춰놓는다면, 그야말로 뒷걸음질 치는 일이다. 그런 것을 문예의 대중화나 일반화라고 강변할 수는 없는 일이다. 이런 문제점을 해결하는 방법 중의 하나가 시의 자생력을 확보하는 일이다. 적어도 내가 사는 지역에 중앙 문예단체의 하부 조직과는 관련 없이 자생하는 시 모임 하나는 있어야 하지 않겠는가 하는 생각이 든 것이다. 어찌 보면 그건 자존심의 문제이기도 하다. 그래서 청주지역에서 저 혼자 방구석에 박혀 끙끙거리며 시 쓰는 사람들을 몇 명 모았다. 그리고 가장 쉬운 단계인 사화집을 꾸렸다. 그것이 2004년에 처음 나온 〈새로운 감성과 지성〉 제1집이다.

이 책은 반응이 괜찮았다. 각 시인으로부터 시를 15편씩 받아서 내 멋대로 5편을 걸러내고 수준이 어느 정도 되는 것들로 10편을 골라서 엮었기 때문에 세계관만 부딪히지 않는다면 나름대로 괜찮은 작품들로 엮였다. 그래서 거기에 참여한 사람들도 내가 말한 취지를 잘 이해하고 사화집 내는 일을 즐겁게 여겼다. 그리고 제작비는 20만원씩 공동부담으로 했다. 10명이면 200만원이니, 이 정도면 시장유통 비용 없이 사화집을 내는 데는 충분했다.

그리고 이 기획에 적용된 발상은 지금 생각해도 아주 독특한 것이었다. 즉 '시문관'이라는 이름으로 동인을 만들되, 앞으로 작품을 쓸 가능성이 있는 사람들까지 두레로 묶어서 비용 분담을 함께 하면서, 차차 여건이 되는 대로 사화집 활동에 참여할 수 있도록 한 것이다. 즉 현재가 아닌 미래의 동인 형태로 사람을 꾸린 것이다. 실제로 그 무렵에 작품을 내지 않고서도 사화집 제작비에 참여한 사람이 몇 명 있었다. 습작 수준이 어느 정도 궤도에 오르면 그때 가서 사화집에 합류한다는 합의가 이루어졌다. 지금 당장은 시를 쓰지 않으면서도 시라는 '행위'에 참여한 셈이다. 그리고 동인 중에 시집을 내는 사람이 있으면, 시인이 지인들에게 자신의 시집을 돌리는 당시의 풍조와는 달리, 그 시집을 동인들이 일정 분량 사서 시와 거리가 먼 생활을 하는 주변 사람들에게 나눠주기로 했고, 실제로 그렇게 실천했다. 덕분에 사화집에 참여한 시인들은 시집 출간 비용에 대한 부담이 사라졌다. 시만 쓰면 아무런 부담 없이 시집을 낼 수 있는 토대가 형성된 것이다. 이것이야말로 현실 속에 생생하게 살아있는 시가 아닌가! 이보다 더 신나는 시 운동이 있을 수 있을까?

이렇게 3집까지 잘 나왔다. 그런데 4집에서 갑자기 문제가 생겼다. 4집을 추진하는 중에 내가 처음에 전혀 예상치 못했던 낌새가 나타났다. 즉 다른 사람들이 정진명의 들러리 노릇을 한다는 것이다. 물론 나의 생각과는 완전히 다른 그 말을 듣고 보니, 사화집의 서문도 내가 쓰고, 뒤의 산문인 '시인의 시론'도 나의 평론으로 채워져서, 책 한 권 안에서 나 혼자 북치고 장구 치는 격이었다. 똑같이 돈 20만원 내고 내가 활개 치는 형국이었으니, 남들 눈에는 재주는 곰이 넘고 돈은 왕 서방이 챙긴다는 속담의 그 상황이 분명했을 것이다. 내가 제일 싫어하는 상황이었지만, 남들이 그렇게 말해도 되는 상황에 내가 놓이게 된 것을 나만 모르고 있었던 것이었다. 이런 낌새가 느껴지는 순간, 나의 결벽증이 그대로 발작했다. 추진 중이던 4집 편집에서 그 즉시 손을 떼었다. 물론 나는 내 감정이 상했다고 해서 일까지 망가뜨리지는 않는다. 그 책이 나오게 하기 위해서 내가 하던 모든 조치를 다 했고, 마무리 편집만 류정환 시인에게 넘겼다. 그리고 4집은 류 시인의 주도로 나의 작품만 빠진 채 무사히 출간되었다.

나는 지금 그때의 미묘한 낌새에 얽힌 다른 사람들을 욕하려는 것이 아니라, 서로 말하지 않았던 것을 말함으로써 내가 간과했던 과오를 분명히 인정하고 똑같은 일이 되풀이하지 않도록 반성하려는 것이다. 어차피 운동이라는 것은 나 혼자서 할 수 있는 것이 아니다. 다른 사람들과 어울려야 이루어지는 것이 모임이다. 나의 이상을 앞세워 남의 처지를 돌아보지 못한 것이 모임의 앞날을 망가뜨리는 빌미가 되었음을 말하려는 것이고, 이 불편한 고백은 현재 진행되는 일을 다시는 망치지 않기 위함이다. 결국 〈새로운 감성과 지성〉은 제4집으로 끝났다. 시를 살리자는 그 단순한 발상이 현실에서는 이렇게도 어려운 일인가 하고 고개를 갸우뚱하면서, 또 다시 나만의 방구석으로 되돌아왔다. 2007년의 일이다.

4

그 후 나는 침뜸을 배웠고, 침뜸 관련 책을 몇 권 썼다. 아울러 혼자서 시를 쓰며 여건이 되는 대로 '혼자서' 시집을 냈다. 매년 한 권씩 냈다. 그렇게 10년이 흘렀다. 다시 주변을 둘러보았다. 제4집으로 끝날 무렵의 상황과 달라진 게 아무것도 없다. 그때 거기에 참여했던 사람들은 자신의 골방으로 돌아가서 여전히 시를 쓰고, 나는 그런 그들을 보며, 천방지축 날뛰던 나의 아둔함을 다시 한 번 탓했다. 다행인 것은, 그들 중 많은 시인이 아직도 그 때의 기획에 아쉬움을 느낀다는 것이었다. 그래서 몇몇에게 의견을 물어 사발통문을 돌렸고, 10년만에 〈새로운 감성과 지성〉이 다시 시작되었다.

이번에는 말썽의 빌미가 되었던 제작비를 내가 댔다. 그리고 책이 나온 뒤에 후원금을 받았다. 신기하게도 후원금은 사화집에 참여한 모든 사람들이 스스로 냈다. 20만원 걷는 것과, 후원금으로 받는 것, 그게 무슨 차이이기에 결과가 이렇게 달라졌을까? 알 수 없는 일이다. 말썽의 뿌리가 돈은 아니었다는 결론이다. 이번에 나온 '새로운 감성과 지성' 제5집은, 10년 전에 나온 제1집과 다를 게 하나도 없다. 처음 시를 우리의 생활 속에 뿌리 내리게 해야 한다는 뜻도 같고, 만드는 방법도 같고, 그것을 사람들에게 나눠주는 방식도 같다. 다만 행동은 아마추어 같아도 작품은 아마추어를 넘어선 프로의 수준이어야 한다는 것이다. 그 때문에 편집자의 안목이 필요하고, 기준이 필요하고, 고집이 필요하고, 책임이 필요하고, 각오가 필요하다. 그래서 제5집은 그 전과 달리 〈정진명 엮음〉으로 표지에 썼다. 이것이 앞선 사화집(1~4집)과 다른 점이다.

5

시에 처음 입문한 것이 1985년 만 25살 때이고, 벌써 30년이 흘렀다. 그때나 지금이나 내 생각이 달라진 것은 없다. 돌아보면 현실과 동떨어진 내 생각과 고집으로 일이 제대로 풀린 적은 없는 것 같다. 이런 돈키호테 식의 좌충우돌을 철부지라고 해도 할 말이 없다. 꿈꾸는 것이 잘못은 아니기 때문이다. 그러나 현실이 그렇다고 해서 시까지 그럴 필요는 없다는 것이 내 생각이다. 연꽃이 시궁창에서 자라듯이 시는 고단한 삶에서 나오는 법이다. 우리에겐 그런 꽃을 피워줄 작은 그릇이 필요하다. 그 그릇을 찾으려 멀고 먼 저 중앙 문단을 기웃거리거나 손뼉 쳐줄 사람들의 눈치를 보는 것은, 뿌리를 허공에 두고서 꽃을 피우겠다는 발상과 다르지 않다는 것이 내 생각이다. 가끔은 실패가 아름다울 때가 있다. 비록 실패지만 거기에서 삶의 향기가 퍼질 때이다. 문예 운동은 그런 실패 위에서 발전하는 것이다. 우리의 절실한 삶 속에서 피운 꽃을 남들이 보아주지 않는다고 해서 슬퍼할 것도 안타까워 할 것도 없다. 수많은 들꽃이 그렇게 피었다 진다. 인연이 닿으면 향기가 퍼질 것이요, 그렇지 않으면 우리 스스로를 위로하는 시가 될 것이다. 그것이 시다. 시는 그러해야 한다, 고 나는 믿는다. 그러니 남들이 알아주기를 바라기에 앞서, 시 앞에 정직하지 못하거나 게으른 자신을 걱정할 일이다. 다만, 시 '운동'만큼은 함께 해야 즐겁지 아니한가? '이러매 눈감고 생각해볼 밖에'. 나는 아직도 정신을 못 차린 것인가?

줄넘기와 비행접시

2014년 7월 10일 인쇄
2014년 7월 15일 발행

지은이 정진명
펴낸이 유정환
펴낸곳 도서출판 고두미
등록 2001년 5월 22일(제2001-000011호)
충북 청주시 상당구 영운천로83번길 32
Tel. 043-257-2224 / Fax. 070-7016-0823
E-mail. godumi@naver.com

©정진명, 2014

ISBN 978-89-91406-07-0 03810
이 도서의 국립중앙도서관 출판예정도서목록(CIP)은 서지정보유통지원시스템 홈페이지(http://seoji.nl.go.kr)와 국가자료공동목록시스템(http://www.nl.go.kr/kolisnet)에서 이용하실 수 있습니다.(CIP제어번호: CIP2014020759)

※ 책 내용의 일부 또는 전부를 사용하려면 저자와 출판사의 동의를 받아야 합니다.
※ 책값은 뒤표지에 표시하였습니다.